»Der Rhein ist der Strom, von dem alle Welt spricht und den niemand studiert, den jeder besichtigt und den keiner kennt, den man im Vorbeifahren sieht und dann gleich vergisst, den jeder Blick streift und den kein Denken auslotet. Und dennoch beschäftigen sich erhabene Vorstellungen mit seinen Ruinen und ernst zu nehmende Denker mit seinem Schicksal. Und dem Auge des Dichters wie des Publizisten erscheint in seinem klaren Wasser ahnungsvoll die Vergangenheit wie die Zukunft Europas.«

Victor Hugo, 1845

CORSO

30

Zu des Rheins gestreckten Hügeln,
hochgesegneten Gebreiten,
Auen, die den Fluss bespiegeln,
weingeschmückten Landesweiten
möget, mit Gedankenflügeln,
ihr den treuen Freund begleiten.

Johann Wolfgang von Goethe, 1814

Inhalt

Alles fließt 13
Der Rhein und ich 17
Die Quellen 25
Der junge Rhein 39
Der Rhein wird erwachsen 51
Ein letztes Aufbäumen 61
Es wird ungemütlich 69
Basel 77
Die Schiffsreise beginnt 87
Der Rhein kriegt ein Korsett 95
Der Rhein als Zankapfel 99
Straßburg 103
Seele und Charakter 111
Das Rheingold 115
Speyer 123
Worms, Nibelungen, Luther –
das ganze Programm 135
Erst noch richtig Dreck, dann aber
wirklich Wein 145
Mainz und Wiesbaden 159
Die Burgen 165
Die Loreley 179
Die Germania und die Drosselgasse 187
Mein Köln 119
Drachenfels und Rolandseck 211
Das Ruhrgebiet 225
Der Niederrhein 235
Wieder zuhause oder: Peking 249
Anhang 251

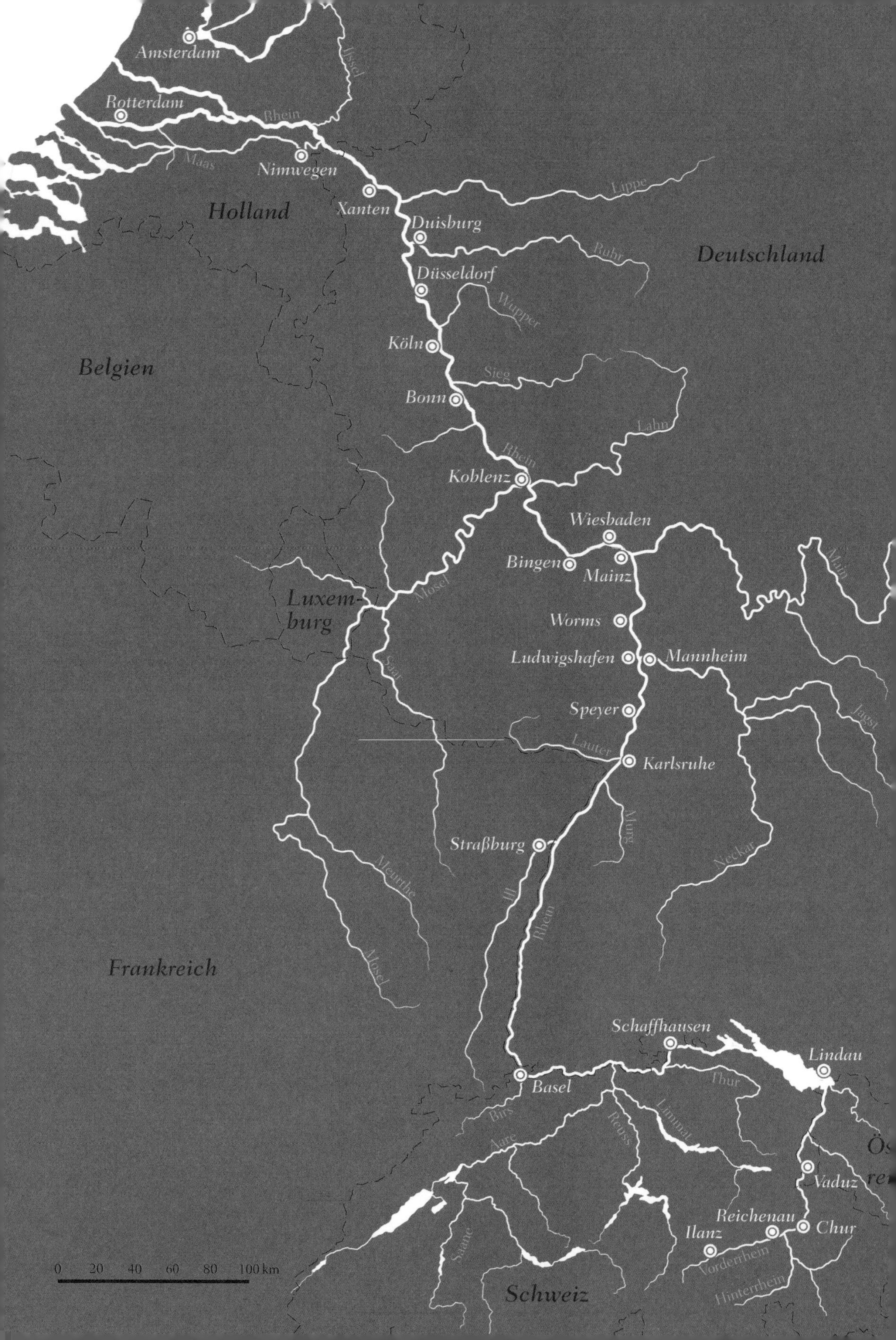

Amsterdam
IJssel
Rotterdam
Rhein
Maas
Nimwegen
Xanten
Holland
Lippe
Duisburg
Ruhr
Deutschland
Düsseldorf
Wupper
Köln
Belgien
Sieg
Bonn
Lahn
Rhein
Koblenz
Wiesbaden
Bingen
Mainz
Main
Mosel
Luxemburg
Worms
Ludwigshafen
Mannheim
Saar
Speyer
Jagst
Lauter
Karlsruhe
Murg
Straßburg
Neckar
Meurthe
Ill
Rhein
Frankreich
Mosel
Schaffhausen
Lindau
Basel
Thur
Birs
Limmat
Reuss
Aare
Vaduz
Reichenau
Chur
Ilanz
Saane
Vorderrhein
Hinterrhein
0 20 40 60 80 100 km
Schweiz

Alles fließt

Auf unserer Reise entlang des Rheins sahen und erlebten wir vor allem eins: »*Alles fließt.*« Das hat der antike griechische Philosoph Heraklit gesagt, *panta rhei*, alles fließt. Rhea, die Fließende – sie war eine Titanin und die Gemahlin ihres Bruders Kronos, mit dem sie gemeinsam den ewigen Fluss der Zeit und der Generationen bestimmte.

Rhea Kybele, Skulptur im Schlosspark Schönbrunn in Wien

»*Man kann nicht zweimal in denselben Fluss steigen*«, auch das sagte Heraklit. Ja, man sieht auch nicht zweimal denselben Fluss. Weil alles fließt, verändert sich alles, und so sehen, so sahen wir den Vater Rhein mit unseren Augen, der Fotograf Tom Krausz und ich, die Erzählerin.

Wir sind am Rhein entlang gewandert, mit dem Auto gefahren, wir haben ihn von Basel bis Amsterdam per Schiff bereist, wir waren ihm auf der Spur, von seinen beiden Quellen bis zu seinen beiden Mündungen – im Frühjahr und Sommer 2017. Und wir hatten einige der zahllosen Bücher im Gepäck, die über Vater Rhein – einen der bekanntesten Väter der Welt, höchstens vergleichbar mit Mütterchen Russland – schon geschrieben wurden: wann er entstand, wie er begradigt wurde, was er alles an Kriegen, Eroberungen, Kämpfen erlebt hat. Das alles kann man nachlesen, akribisch, von sehr interessant bis sehr langweilig. Unentwegt wurde und wird der Rhein befahren, von Eroberern, Kaufleuten und Touristen. Im 19. Jahrhundert haben ihn die Maler gemalt, die Dichter besungen, im 20. Jahrhundert war es mit der romantischen Sicht vorbei, die Industrie nahm sich des Flusses an. Aber noch immer wird der Rhein glorifiziert als Sitz der Romantik und abgetan als Kloake der Industrie, jeder Ufermeter wurde erforscht, wir wissen eigentlich alles über diesen Strom.

Warum ist es am Rhein so schön? Notenblatt

Gegenüber: Der junge Rhein durchschreitet das erste Tal im Gotthardmassiv

Warum ist es aber am Rhein so schön, wie ein bekanntes Lied aus den 20er-Jahren doch behauptet? Ich musste es meinem Opa Albert immer wieder auf meinem Kinderakkordeon vorspielen. Es ist am Rhein so schön, sagt das Lied, weil die Mädel so lustig sind und die Burschen so durstig, weil so heiß das Blut und der Wein so gut, weil selbst aus Burgruinen Hoffnung grünt, weil das Auge hier vor lauter Heimatstolz leuchtet, weil die Sagen uns fesseln, kurzum: *»weil dort sorglose Herzen fröhlich lachen und scherzen, darum ist es am Rhein so schön, am Rhein so schön.«*[1]

Das mag ja alles sein. Aber der Rhein ist mehr als 1200 km lang, er fließt durch sechs Länder, er kann ja nun nicht nur so schön sein, weil die Mädel überall lustig und die Burschen überall durstig sind. Wir wollten es genauer wissen. Wir wollten selber sehen, riechen, fühlen, hören, nachdenken, erfahren. Tom wollte seine Fotos machen, ich meine Eindrücke in Texten festhalten, wie wir es schon auf vielen gemeinsamen Reisen in der ganzen Welt getan haben. Und am Ende, dachten wir, würden wir schon wissen, warum es am Rhein denn nun eigentlich sowas von schön ist.

Wir haben jetzt zumindest eine Ahnung. Und wir haben Respekt vor diesem Fluss, der so zart und klein in den Alpen beginnt und dann zu einer der verkehrsreichsten Wasserstraßen der Welt wird. Reisen Sie mit uns! Und dann entscheiden Sie für sich selbst, ob und warum es am Rhein so schön, so schön ist …

Elke Heidenreich und Tom Krausz, 2017

1 *Frohsinn am Rhein*, Band 1 für Akkordeon

Köln
Dom

Der Rhein und ich

Wolfgang Müller von Königswinter

Ich wohne seit dreißig Jahren am Rhein, und das sogar in einer Straße, die nach einem weitgehend unbekannten Dichter emphatischer Rheinverse benannt ist, der Arzt war und Mitglied des Vorparlaments der Paulskirche. Während seines Medizinstudiums in Bonn suchte er die Nähe der Schriftsteller Freiligrath und Simrock, später in Paris traf er auf Heinrich Heine und Georg Herwegh. Er wollte lieber Dichter sein als Doktor, und tatsächlich wurde er unter dem Beinamen Wolfgang Müller von Königswinter bekannt für seine Rheingedichte – ach, Gedichte! Hymnen!

> *»Mein Herz ist am Rheine, im heimischen Land,*
> *mein Herz ist am Rhein, wo die Wiege mir stand,*
> *wo die Jugend mir liegt, wo die Freunde mir blühn,*
> *wo die Liebste mein denket mit wonnigem Glühn;*
> *O möget ihr immer dieselben mir sein:*
> *Wo ich bin, wo ich gehe, mein Herz ist am Rhein!«*[2]

Von meiner Haustür zum Rheinufer hinunter sind es genau fünfhundertzweiundfünfzig Schritte und vierzehn Stufen, ich habe es beim täglichen Gang mit dem Hund mehrmals gezählt. In Köln ist der Rhein sehr breit – ich schätze, um die dreihundert Meter. Ich könnte die exakte Zahl jetzt in verlässlichen Sachbüchern nachschlagen, aber genau dazu habe ich keine Lust: Es ist MEIN Rhein, ich blicke auf ihn und mache mir meine eigenen Gedanken. Also: Sagen wir rund dreihundert Meter, und er fließt ruhig dahin, wie es sich für einen mächtigen Strom bei Kilometerzahl 684 gehört. Man hört ihn nicht, und man riecht ihn nur bei extremem Hoch- oder Niedrigwasser, leicht sumpfig. Auf meiner Rheinseite ist er befestigt, ein schöner langer Ufer-

2 Wolfgang Müller von Königswinter, *Junge Lieder*

Elke mit Mops
Don Vito bei Rheinkilometer 684
in Köln

weg, Treppen zur Straße hinauf, Hochwassertüren, die bei Bedarf oben an der Rheinuferstraße eingesetzt werden können. Sie sollen verhindern, dass er wieder diese so sehr befahrene Rheinuferstraße lahmlegt und an dem Briefkasten steht, in den ich immer meine Post einwerfe – 1993 und 1995 tat er das bei einem Pegel von über zehn Metern, normal sind um die drei Meter. Köln hat in den letzten Jahren viele Millionen in den Hochwasserschutz investiert. Ab einem Pegel von acht Metern wird der Schiffsverkehr eingestellt, ab 9,40 Meter werden die Hochwassertüren an der Rheinuferstraße geschlossen, ab elf Metern steht trotzdem die Altstadt unter Wasser. Auf der anderen Rheinseite, der sogenannten *»schäl Sick«* mäandert der Fluss zu normalen Zeiten sanft an den Poller Wiesen vorbei, auf denen die Schafe weiden und die Liebespaare lagern. Bei Hochwasser hat er dort Platz zum Ausweichen und spült den Campingplatz weg, auf dem meine frühere Haushaltshilfe Frau Bretzel mit ihrem Mann einen Wohnwagen stehen hatte. Eigentlich wohnten sie in Köln Kalk, aber freitags, erzählte Frau Bretzel freimütig, gingen sie und ihr Mann in den Wohnwagen zum *»Sie wissen schon, zuhause sind ja die Kinder, da kann man das nicht machen«*. Bei Hochwasser fiel *»Sie wissen schon«* aus. Die Südbrücke, für mich die schönste aller Rheinbrücken, führt sozusagen von der Südstadt hinüber ins Nichts. Man kann zu Fuß oder mit dem Fahrrad rüber zu den Schafen auf den Poller Wiesen, die Güterzüge donnern nachts mit geheimnisvoller und sicher oft giftiger Fracht hinüber, und im Krieg erlaubte Kardinal Frings, dass man sich hier auf der Brücke rasch ein paar Kohlen von den Waggons schaufelte, um nicht zu erfrieren – darum heißt klauen in Köln noch heute *»fringsen«*.

Als ich vor über dreißig Jahren gerade nach Köln gezogen war, machte die Kölner Künstlerin Angie Hiesl auf dieser Südbrücke eine unfassbar schöne Performance, die ich nie vergessen werde: *»Rhein … Rhein … Rhein … Rot – zwischen Schöpfung und Erschöpfung«* war angekündigt. Man kaufte Eintrittskarten und fuhr mit kleinen Schiffen bis zur Mitte des Rheins, um dem Schau-

Die Südbrücke in Köln

spiel zuzusehen. In einem weißen Kleid und mit einer riesigen Stoffgiraffe im Arm spazierte Angie Hiesl, ein Engelskind, hoch oben über den höchsten Brückenbogen, die Bahn hatte die Oberleitungen stillgelegt und die Stadt Absicherung mit Seil verlangt, Angie hätte es schlafwandlerisch sicher auch ohne das gemacht. Der Rhein wurde während der Vorführung für die Schifffahrt gesperrt, nur die Boote mit uns Kunstliebhabern waren zugelassen. Und da schwebte todesmutig dieses Mädchen in schwindelnder Höhe, riss sich am höchsten Punkt das nun brennende weiße Kleid vom Körper, am Ufer sang ein Chor dazu, wir staunten über so viel grazile Schönheit, diesen Mut, diese schwebende Poesie, dass Tränen flossen. Alles fließt, eben auch Tränen. Und sie fließen auch darüber, wie weit diese mutlos und grau gewordene Stadt Köln heute von solcher Schönheit und Poesie entfernt ist.

Ich bin seit meiner Kindheit mit dem Rhein eng vertraut. Aufgewachsen bin ich an einem seiner Nebenflüsse, an der Ruhr in Essen. Die Ruhr schenkte uns den Baldeneysee, in dem wir jeden Sommer schwammen und der mir meine glücklichsten Kindheitserinnerungen an lange Sonnentage mit Freunden bescherte. Die Ruhr kommt aus dem Rothaargebirge, und bei Duisburg-Ruhrort verschwindet sie mit all ihrem Wasser im Rhein. War die Familie ausnahmsweise mal intakt und gut gelaunt, fuhr man sonntags nach Düsseldorf, das war für uns Ruhrpottler die denkbar eleganteste Stadt, und man promenierte nach einem Eis auf der Königsallee, der *Kö*, (O-Ton meiner Mutter: *»Karl, hier kostet ein Eis ja so viel wie in Essen ein Eigenheim!«*) und danach am Rhein. Das Kind trug weiße Kniestrümpfe und eine Haarschleife und Vater und Mutter schrien sich da schon wieder an. Dem Rhein war das

Das Ernst-Moritz-Arndt-Denkmal in Bonn

egal. Mir nicht, und so ging ich mit fünfzehn Jahren von zuhause weg und kam in eine Pflegefamilie – nach Bonn. Nun wohnte ich direkt in einer Stadt am Rhein und kriegte zwar nicht meinen allerersten, aber meinen allerwichtigsten Kuss mit fünfzehn Jahren von Hans-Heinrich am Alten Zoll, vorm Ernst-Moritz-Arndt-Denkmal hoch über dem Bonner Rhein. *»Der Gott, der Eisen wachsen ließ, der wollte keine Knechte«*, steht in seinem Sockel – ein Motto, das ich mir sehr zu Herzen genommen habe. Ruhig rosten, aber niemals einknicken. Und es steht noch etwas auf diesem Sockel: *»Der Rhein ist Deutschlands Strom, nicht Deutschlands Grenze!«* Das war der Titel einer Kampfschrift dieses sehr nationalistisch gesonnenen Mannes, in welcher er die Ablösung des Rheinlandes von Frankreich forderte. Arndt war viele Jahre Rektor der Universität Bonn, an der er auch als Historiker lehrte. 1860 starb er, liegt in Bonn begraben, und von seinem Denkmal, das ihm fünf Jahre später hoch da oben auf dem trutzigen Alten Zoll errichtet wurde, blickt er auf den so geliebten Rhein, in dem aber 1834 auch sein jüngster Sohn Wilibald ertrank.

Hans-Heinrich war sehr groß, ich nicht, ich musste mich ihm entgegen recken und er küsste so heftig, dass sich mein Kiefer ausrenkte. Ich schrie, er haute mir geistesgegenwärtig eine runter und der Kiefer krachte wieder zurück in die ihm von der Natur zugedachte Position. Hans-Heinrich kannte sich wohl schon damals mit Gelenken gut aus, er wurde ein international anerkannter Orthopäde, ist noch heute mein Freund und ich würde ehrlich gesagt gern noch mal derart heftig am Rhein geküsst werden. Die meisten Rheinlieder handeln doch davon – vom Küssen, und vom Wein, und ja: vom Vaterland. Dem Wein spreche ich gern zu, mit dem Vaterländischen habe ich es nicht so, und die heißen Küsse, fürchte ich, sind für mich Vergangenheit.

An meine Jahre in Bonn denke ich mit Liebe. Schon als Teenager schlich ich mich in die wunderschöne, alte Universität und hörte gebannt den kunsthistorischen Vorlesungen des gescheiten, witzigen, wegen eines verkrümmten Rückens kleingewachsenen Professors Lützeler zu, der mit Autorität den Nazis getrotzt hatte. Sie verboten ihm, weiter zu lehren, er hielt im Februar 1940 seine Abschiedsvorlesung nicht, wie im Vorlesungsverzeichnis angekündigt, zum Thema *Die großen Denker der Griechen*, sondern sprach über geistige und moralische Verpflichtung zu Aufrichtigkeit und Wahrheit: *Vom Beruf des Hochschullehrers*. Das hat vielen Gegnern der Nazis Mut gemacht und kursierte als Untergrundschrift bis in die Wehrmacht und auch bis zu den Geschwistern Scholl in München. Ein großartiger Mann, in Bonn geboren, in Bonn 1988 gestorben. Er war sofort nach dem Krieg wieder an der Universität, als Dekan der Philosophischen Fakultät.

Hier machte ich Anfang der 60er-Jahre mein Abitur, hierher kam ich im Oktober 1981 zurück, um zusammen mit einer halben Million Menschen im Hofgarten gegen den Nato-Doppelbeschluss zu demonstrieren – tolles Wort, bedeutet: neue Atomsprengköpfe auf deutschem Boden, von dem doch nie mehr ein Krieg ausgehen sollte? Unser Protest nützte nichts, 1983 wurden sie aufgestellt.

Eigentlich wollte ich auch in Bonn studieren, aber ich war irgendwie *»zu nah dran«*, und es war auch alles zu schön, zu gemütlich. Das hat ja schon Carmen Sylva (Pseudonym der rumänischen Königin Elisabeth, wenn sie dichtete) in ihrem Gedicht über Bonn festgestellt:

Königin Elisabeth von Rumänien, geb. Prinzessin zu Wied
Kolorierte Porträtfoto

Bonn

Wenn nur der Rhein nicht wär'
Und der Sonnenschein
So strahlend darüber her,
und der goldene Wein.
Und die sieben Berge nicht,
und der alte Zoll
und Schifflein im Angesicht,
mit den Segeln voll.
Und die Mägdlein so wundernett,

und der Rundgesang,
und der Morgen so schön im Bett,
und der Tag so lang. –
Ach! Wie studierten wir
So gar fleißig jus!
Rhein, Rhein, es liegt an dir,
dass man bummeln muss.[3]

Übrigens hat man in Bonn nach Carmen Sylva eine Straße benannt, wie nach Wolfgang Müller in Köln. Beide sind aber Sackgassen. Für die Dichter reichen Sackgassen. Nach dem Nazi Theodor Oberländer heißt hingegen der schönste Teil der großen Rheinuferstraße in Köln. Bis heute. Der Hindenburgpark am Oberländer Wall wurde immerhin 1985 umbenannt in Friedenspark. Er liegt in unmittelbarer Nähe zum Rhein.

Das Schiff *Alte Liebe* an der »kölschen Riviera«

Mein Rhein. Er weiß viel von mir, er hat viel mitgekriegt: verliebte Spaziergänge und nächtliche Tränen, lange Gespräche auf den Ufertreppen und laute Gesänge auf den Bänken, Radtouren, verbotene Lagerfeuer mit Schulfreundinnen und den drei wilden Pfarrerssöhnen, Wanderungen mit verschiedenen Männern und Hunden und ordentliche Räusche – allein auf dem Schiff *Alte Liebe* an der *»kölschen Riviera«* bei Rodenkirchen tranken wir Glas um Glas, und es stellt sich dort schon nach dem zweiten Kölsch oder Wein das Gefühl ein, man sei betrunken, weil das Schiff ja so schön schwankt, vor allem, wenn die dicken Lastkähne vorbeifahren und große Wellen machen. Auf so einem Schiff zu leben und in den Schlaf gewiegt zu werden – das muss herrlich sein. Aber die *Alte Liebe*, die da mit den Kölner Farben rotweiß gestreift am alten Leinpfad liegt, wo früher die Pferde die Lastkähne vom Ufer aus zogen, hat schon dreimal gebrannt und ist dreimal von Tankern gerammt und fast versenkt worden. Kein sicherer Ort – aber einer der schönsten in Köln, und einer *»alten Liebe«*, das wissen wir doch, kann nichts etwas anhaben.

Jahrelang bin ich in den 70ern zwischen Baden-Baden (Südwestfunk, wo ich wohnte und arbeitete) und Köln (WDR, wo ich

3 *Der Rhein in Mythen, Märchen und Erzählungen*

eine Samstagssendung moderierte) mit dem *Rheingold* (mit Panoramawagen!) hin- und hergefahren: Freitag oder Samstag hin, Sonntag zurück. Der *Rheingold* fuhr zwischen Basel und Amsterdam, und ein gedruckter Zugbegleiter erklärte, was man sah – ich habe es damals in meinem Tagebuch notiert: »*Kaum auf dem Hoheitsgebiet der Bundesrepublik bietet die Strecke schon ein landschaftliches Fortissimo: Die Hänge des Schwarzwaldes kommen so nahe an die Gleise, dass sie ihnen den Weg zu versperren scheinen.*« Mein Kommentar im Tagebuch: »*Da versperrt nichts. Quatsch.*« Weiter versprach die Broschüre, dass »*mannigfaltige Burgen pittoreske Akzente*« setzen würden und dass nach dem »*zarten Nachklang des romantischen Mittelrheins*« das »*massige Siebengebirge seinen mächtigen Schlussakkord*« anschlüge. Grundgütiger Himmel, soviel Schwulst, *massig*, *mächtig*, *pittoresk*, ich notierte damals viel dreckige Brühe, und die Broschüre gab auch zu, dass der Rhein sich bisweilen »*schwermütig dahin wälzte*«.

Panoramawagen des TEE Rheingold

Jenseits der Grenze aber, hinter Xanten und Emmerich, da war nichts mehr pittoresk oder sonst wie wichtig. »*In Holland*«, hieß es lapidar, »*wird der Kurswagen abgekuppelt.*«

Irgendwann verschwand der ganze schöne Rheingold-Zug, heute fahren ein paar der alten Luxuswaggons auf Anfrage noch, betrieben von einem Freundeskreis, der sie pflegt und restauriert. Aussichtswagen gibt es nicht mehr, dichterisch aufgemotzte Broschüren auch nicht, und meist fahren wir sowieso nicht mehr die längere, aber schönere Burgenstrecke linksrheinisch entlang, sondern die schnelle ICE-Trasse rechts Richtung Frankfurt Flughafen, und da sieht man: nichts.

Eben war ich am Ufer und sah ein Schiff, das so hieß: *Rheingold*.

Damals, in den 70ern, saßen wir nach der WDR-Samstagssendung am Rheinufer unterhalb des Doms und rauchten erlaubte und verbotene Substanzen, Ludger, Karl, Herman the German, die schöne Mascha und ich. Der Rhein hat auch das stoisch hingenommen. Er ist hier schon sehr erwachsen und ihn bringt nichts mehr aus der Ruhe. Aber er war nicht immer so.

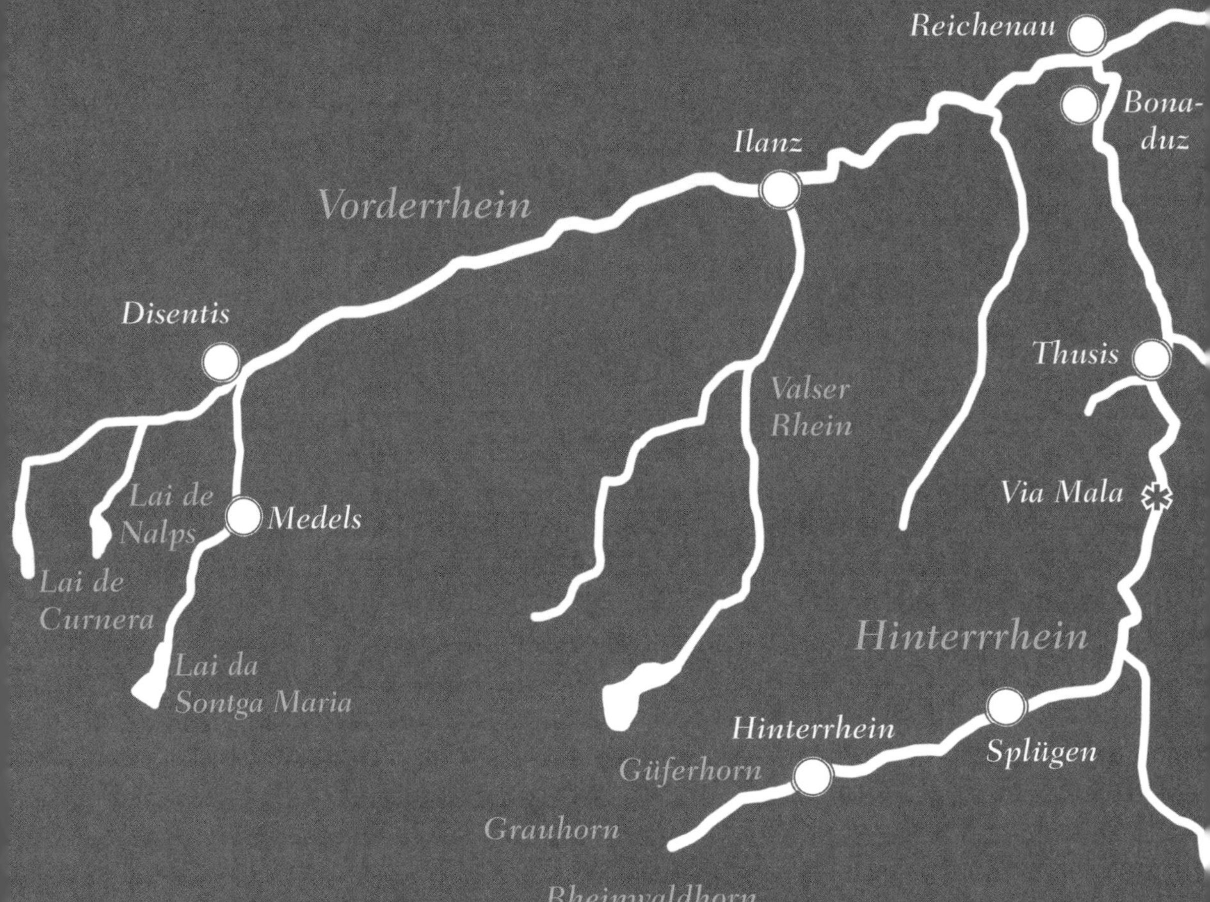
Reichenau
Bona-
duz
Ilanz
Vorderrhein
Disentis
Thusis
Valser
Rhein
Via Mala
Lai de
Nalps
Medels
Lai de
Curnera
Lai da
Sontga Maria
Hinterrrhein
Hinterrhein
Splügen
Güferhorn
Grauhorn
Rheinwaldhorn

Die Quellen

Auch Vater Rhein war ja nicht immer schon Vater, sondern begann seinen Lauf als Baby, genau genommen: Es sind zwei Babys, zwei Quellen, mit denen alles beginnt.

Beide Quellen entspringen im Kanton Graubünden, aber ziemlich weit voneinander entfernt, man kann nicht einfach hin- und herfahren – dazwischen liegen schneebedeckte Pässe und Schluchten wie die berühmte *Via Mala*.

Wir schrauben uns mit dem Auto auf einer wunderschönen Landstraße zunächst hoch Richtung Hinterrhein, dann geht es weiter zu Fuß, große Steine liegen am Weg wie alte, stumme Tiere. Das Dorf Hinterrhein ist der Ort, an dem man das Auto stehen lassen muss, wenn man nicht auf der Autobahn durch den Tunnel Richtung San Bernardino fahren will. Unsere Landstraße endet hier, und ein großes buntes Schild an einem Stall zeigt das berühmte Alpenmädchen Heidi, darunter steht: »*Hier wohnen die Film-Ziegen*«. Gemeint sind nicht Nicole Kidman oder Angelina Jolie, sondern die Ziegen aus dem Heimatfilm *Heidi*, die längst tot sind und hier natürlich nicht mehr wohnen – aber mit irgendetwas muss ein abgelegenes Dorf ja schließlich locken!

Gesehen im Dorf Hinterrhein

Wir lassen die getürkten Filmziegen in ihrem Stall und gehen durch eine unfassbar schöne Landschaft. Blau der Himmel, die Pässe Splügen, Albula, Julier Anfang Mai noch schneebedeckt, die Wiesen schon golden leuchtend voller Löwenzahn, Tom legt sich hinein und fotografiert, der Rausch der Recherche hat uns gepackt.

Wir wollen es ja herausfinden: Warum ist es am Rhein so schön?

Hier oben ist es, ganz eindeutig: wunderschön. Dabei sind wir noch gar nicht am Rhein, sondern erst mal nur in seiner Nähe. Es muss gewandert werden.

Im Schweizer Quellgebiet des Rheins

Flink sprudelt das eiskalte Rheinwasser ins Tal

Hoch oben, an den Hängen von Rheinwaldhorn, Güferhorn und Rheinquellhorn, aus dem Paradiesgletscher kommend, entspringt das, was einmal ein Strom werden wird. Er kommt aus Schnee, Schmelzwasser, Regen, jemand sagte im Radio mal so schön: *»Der Rhein ist ein Fluss, der buchstäblich vom Himmel fällt.«*

Und es fängt klein an, hell, klar, ein Bächlein, ein hurtiges Knäblein, das nur eins im Sinn hat: ins Tal zu kommen, über Stock und Stein und Wiesen. Zutiefst rührend und bewegend sind diese Anfänge eines mächtigen europäischen Stroms: Eine flinke, kalte Gletscherquelle hüpft und springt und sprudelt und wirkt wie ein quietschfideles, übermütiges kleines Kind, dem es nicht rasch genug gehen kann mit dem Freuen, Davonlaufen, Erwachsenwerden. Und schwupp, schon lenkt man ja auch im Tal hinter dem See von Sufers, durch den das Rheinkind fließt, bald seine junge Kraft in ein erstes Kraftwerk – *»klassischer Fall von Kinderarbeit«*, sagt Tom lakonisch. Noch ist das Wasser eiskalt, hier oben weiß, ganz sauber – ich möchte nicht, dass man diesem zarten Fluss irgendwas antut. Aber ach, ich weiß ja, was er noch alles wird mitmachen müssen. Man will errechnet haben, dass das Quellwasser des Rheins drei Wochen braucht, bis es in den Niederlanden im Meer verschwindet.

Von der Quelle bis zur Mündung sind mehr als zweitausend Meter Höhenunterschied zu bewältigen, aber sowas macht ein Fluss ja sozusagen mit links. Bergab ist immer einfach – auch für uns. Wir gehen zurück zu Auto und Filmziegen.

Rein Posteriur nennen sie ihn hier auf Rätoromanisch, Hinterrhein, aber auch *Ragn*, *Reno* und *Rin* – Rhein wird er erst heißen, wenn er etwa 72 km später mit dem Vorderrhein bei Reichenau zusammenfließen wird. Er ist etwas kürzer als der Vorderrhein, aber er kann bis zum Zusammenfluss bereits sage und schreibe siebenunddreißig Nebenflüsse aufweisen, auch wenn die meisten dem Namen nach nur Bäche sind: Plattenbach, Chratzlibach, Surettabach – auch schon die mächtige Albula, die ihm eine gewaltige Menge Wasser zuführt und deren paradiesisches Tal zum UNESCO-Welterbe gehört. Die Albula selbst hat auch schon wieder siebzehn Nebenflüsse – also, da oben in den Bergen fließt ordentlich was zusammen. Und wenn hier Eis und Schnee schmelzen und es vielleicht lange regnet, dann stehen in Koblenz und Köln eben die Briefkästen unter Wasser.

Ein drittes Bächlein, das sich später auch mit Vorder- und Hinterrhein vereint, kommt vom Lukmanierpass und mündet bei Disentis – es wird Mittelrhein genannt. Der Hinterrhein verschwindet also mal kurz im Stausee Sufers, der grasgrün und eiskalt ist, und dann fließt er durch die düstere Via Mala-Schlucht weiter Richtung Reichenau.

Und da kommt, von der anderen Seite, aus dem mehr als zweitausend Meter hoch nahe dem Oberalppass gelegenen Tomasee, rätoromanisch *Lai da Tuma* – einer Schmelzwassersenke, die praktisch überfließt –, der Vorderrhein dazu, eines von zwölf Bergbächlein, die in diesen See münden. Das Bergbächlein, das dann *Rein Anteriur*, Vorderrhein, heißen wird, sehen wir weiter unten aus dem Schnee kommen, kristallklar, man kann einen Schritt über den Rhein machen – das geht nur noch hier. Gottfried Keller hat ihn gepriesen in einem dreistrophigen Gedicht mit dem Titel *Am Vorderrhein*, das so beginnt:

»Wie ahnungsvoll er ausgezogen,
der junge Held, aus Kluft und Stein!
Wie hat er durstig eingesogen
die Milch des Berges, frisch und rein!«[4]

So ganz genau weiß man es gar nicht, aus welchem oder welchen der Bergbächlein letztlich der Rhein wird –

Aber noch sind wir bei den Quellen, und dazu schreibt der Rheinreisende Victor Hugo zu Beginn des 19. Jahrhunderts in einem Brief an einen imaginären Freund:

»Ein Bach kömmt aus dem Toma-See am östlichen Abhange des Gotthard; ein anderer Bach entspringt aus einem andern See am Fuße des Lukmanierbergs; ein dritter Bach rieselt von einem Gletscher und steigt mitten durch Felsen eine Höhe von tausend Toisen[5] *herab.*

Die Via Mala
Kolorierte Grafik von Johann Ludwig Bleuler

Notizen, Skizze und Manuskript zu *Le Rhin* von Victor Hugo, 1840

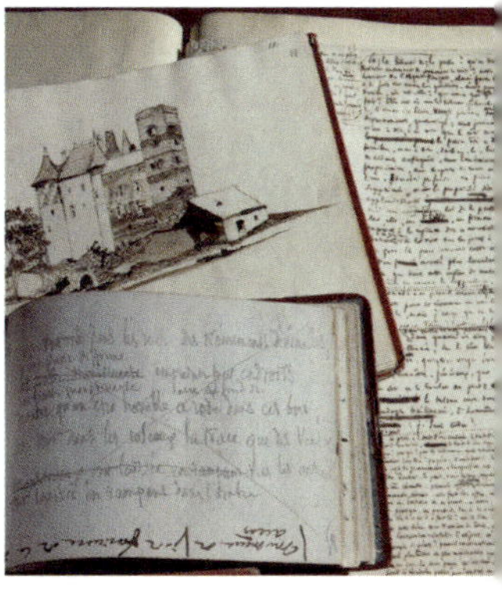

4 Gottfried Keller, *Sämtliche Werke in 8 Bänden, Band 1: Gedichte*
5 Eine toise war ein altes französisches Maß und entspricht vielleicht unserem alten Begriff *Klafter*. Eine *toise* zu Hugos Zeiten muss etwa 1,90 m entsprochen haben.

Vorhergehende Doppelseite:
Die gedeckte Tambobrücke am Hinterrhein im Rheinwald

Fünfzehn Stunden weit von ihren Ursprüngen fließen diese Bäche in ein gemeinschaftliches Bett bei Reichenau. Hier vermengen sie sich. Bewundern Sie es nicht, mein Freund, auf welche mächtige und einfache Weise die Vorsehung große Dinge erzeugt? Drei Hirten begegnen sich, es giebt ein Volk. Drei Bäche begegnen sich, es giebt einen Strom.«[6]

Lassen wir mal die Vorsehung beiseite und ersetzen sie vielleicht durch Natur – wunderbar ist die Stelle bei Reichenau allemal, an der man wirklich sieht: Hier entsteht etwas Großes, ein Fluss wird zum Strom. Man kann dabei zusehen: Er wird sehr bald schneller, breiter, fließt durch eine schöne Gegend um Disentis, wo es doch immerhin auch schon seit 1973 das Frauenwahlrecht gibt. Disentis, Sedrun, Tschamut, der erste besiedelte Ort direkt am jungen Vorderrhein, Schafe, Kühe, Ziegen, auch solche, die nicht durch den Film berühmt wurden, bestimmen die Landschaft, und erste Kneipen werben mit seinem Namen: *Anitas Rheingärtchen* lädt zur Rast. In Domat/Ems knallt man dem Rhein ein Chemiewerk hin – *High Performance Polymers and Speciality Chemicals*, im Zweiten Weltkrieg errichtet und hässlich in die nun wieder flache Landschaft geklotzt. Er fließt vorbei und wir versuchen, nicht hinzugucken.

Karl Simrock
Holzstich, 1876

Karl Simrock, deutscher Dichter und Kind des Rheins, 1802 in Bonn geboren, der Mann, der als erster 1827 das Nibelungenlied – das so viel mit dem Rhein zu tun hat – ins Hochdeutsche übersetzte, hat über den Rhein in seinen Anfängen geschrieben:

»Ein Strom ist wie ein Baum, seine Quellen gleichen Wurzeln und Fasern, seine Mündungen Ästen und Zweigen. Aber den Zuflüssen, die der Strom empfängt, nachdem er durch das Zusammenrinnen seiner Quellbäche Namen und Dasein empfangen hat, entspricht am Baum nichts. Wie sehr lahmt also das Gleichnis! Denn die Wasser, die ihm noch späterhin zueilen, sind gerade die beträchtlichsten.«[7]

6 Victor Hugo, *Der Rhein – Briefe an einen Freund*
7 Karl Simrock, *Das romantische und malerische Rheinland*

Der Vorderrhein bei Splügen mit dem Hüter des Wassers

Wir haben viele Leute gefragt, und ausgerechnet ein Inder (!), der seit Langem in der Schweiz lebt, kennt die genaue Stelle, an der Hinter- und Vorderrhein zusammenfließen. Wir finden sie schließlich auch: In Reichenau gibt es eine alte kleine Brücke, sie führt nach Bonaduz.

Achtung! In Bonaduz kann wegen der obligatorischen Schweizer Schießpflicht im Schießstand Nulez geschossen werden, *»bitte bringen Sie Ihre ID-Karte, das Aufforderungsschreiben mit Klebeetiketten, Ihr Dienstbüchlein, Ihr Schießbüchlein und den militärischen Leistungsausweis mit sowie Ihre persönliche Dienstwaffe mit Putzzeug und Gehörschutz.«* Alles klar? Dann hätten wir das jetzt auch geklärt. Ach, du seltsame Schweiz!

Wenn man auf der Reichenauer Brücke in der Mitte steht, sieht man zwei grüne Flüsse von links und rechts aus den Bergen kommen, wie zwei halbstarke Jungs. Beide kraftvoll, rasch, schäumend, übermütig. Wo sie aufeinander treffen, kämpfen sie miteinander, bilden gewaltige Strudel, es ist eine Art Y, aber der schmale Mittelteil wieder eher breit wie ein T, bis sich beide entschließen, nun doppelt so stark, schnell und mit enormer Kraft zusammen weiterzufließen: Ab hier heißt unser Fluss Rhein, *Alpenrhein*, dann, wenn er durch den Bodensee fließt, wird er zum *Seerhein*, als *Hochrhein* fließt er bis Basel und wendet sich dann nach Norden, Richtung Nordsee – zuerst als *Ober-*, dann als *Mittel-*, schließlich als *Niederrhein*. Und erst im hohen Alter, kurz vor der Mündung und nach mehr als tausend Kilometern, kurz vor seinem Ende im Meer wird er wieder zwei Namen haben: *Lek* und *Waal*.

Reichenau gehört zur Gemeinde Tamins im Kanton Graubünden. Die Brücke, auf der wir bei Reichenau stehen, gibt es seit dem 14. Jahrhundert, als der Verkehr über die Alpenpässe allmählich anfing zuzunehmen. Sie war die erste Rheinbrücke überhaupt, wurde mehrmals zerstört, von den Franzosen abgefackelt, immer wieder aufgebaut, und immer war sie um die siebzig Meter lang – fast so breit ist hier schon unser noch junger Rhein. Und auch an dieser schönen Brücke hängt schon eines –

Die historische Eisenbahnbrücke in Reichenau

zum Glück nur eines! – dieser idiotischen Liebesschlösser, die z. B. in Köln und anderswo Brücken verschandeln und die Liebe ganz gewiss nicht retten, was aber Tausende von Schwachköpfen anscheinend fest glauben und dafür Architektur ruinieren. Diese Brücke wurde immer wieder von Dichtern gepriesen, auch von Karl Stieler, einem bayerischen Mundartpoeten, Juristen und Reiseschriftsteller, der das Zusammenfließen der Rheinquellen just hier bejubelt:

»Denn hier ist ja die Stätte ihrer ersten Begegnung, hier ist es, wo sie mit brausendem Jubel sich in die Arme stürzen, der eine lichtgrün und helle, denn sein Weg war heiter, der andere mit dunkler Fluth, denn sein Pfad war kampfvoll und stürmisch. Sein Pfad war die Via mala. Nun aber ist's vollbracht; es sind zwei Brüder, die nach langer Trennung sich endlich begegnen und sich erkennen; nun sollen sie vereint durch's Leben zieh'n – von nun an hat die Weltgeschichte nur einen Rhein!«[8]

Wir sehen: Er hat immer schon zum Pathos, zur Emphase verlockt, unser Rhein. Und auch uns geht es ja auf dieser Reise nicht anders – wie oft standen wir am Ufer, sahen, was da jede Sekunde vorüberrauscht seit Tausenden von Jahren und waren, ja: ergriffen, beeindruckt, demütig, glücklich und voller Respekt. Wenn ich heute in Köln an meinem Rheinufer stehe, habe ich das Bild der hellen, raschen Quellen im Kopf – fast zwei Wochen ist das Quellwasser nun schon unterwegs und fließt gerade an mir vorbei. Ich grüße es voll Ehrfurcht, seit ich weiß, von wie weit oben es sich bis hierher gekämpft hat.

Und ich zitiere noch mal augenzwinkernd jenen Karl Simrock, der sich auskannte mit dem Rhein und eine deftige Warnung gedichtet hat:

Warnung vor dem Rhein

»An den Rhein, an den Rhein, zieh nicht an den Rhein,
Mein Sohn, ich rate dir gut:
Da geht dir das Leben zu lieblich ein,
Da blüht dir zu freudig der Mut.«

8 Karl Stieler, *Rheinfahrt. Von den Quellen des Rheins bis zum Meere*

Über mehrere Strophen führt er aus, wie verführerisch der Rhein ist, all die Schiffe, Burgen, die Tiefen, die Höhen, und ach, die Loreley!

»Dich bezaubert der Laut, dich betört der Schein,
Entzücken fasst dich und Graus:
Nun singst du nur immer: ›Am Rhein, am Rhein!‹
Und kehrst nicht wieder nach Haus.«[9]

Wie schön, wenn das Zuhause gleich am Rhein liegt – ein paar Probleme weniger im Leben!

Aber noch sind wir hier, beim Beginn des Rheins, es ist Himmelfahrt, auch in der Schweiz ein Feiertag und hier *Auffahrt* genannt, und plötzlich knattert eine Oldtimerkolonne gemütlich über die alte Brücke – ältere Ehepaare mit akkurater Kleidung in alten, gepflegten Automobilen, freundlich lächelnd –, das passt irgendwie gut, jedenfalls besser als der Ferrarikonvoi, der bei Chur an uns vorbeidonnerte. *»Uns haben gerade zehn Millionen Franken überholt«*, sagte Tom dazu.

Victor Hugos Briefe über den Rhein, auf seinen Reisen 1839 und 1840 geschrieben, finden Zusammenfassung in einem Bändchen von 2010 (Insel Verlag), neu übersetzt von Annette Seemann, und da heißt es:

»Sie wissen, ich habe oft gesagt, ich liebe Flüsse. Über Flüsse werden sowohl Ideen als auch Waren befördert. Alle Phänomene der Schöpfung haben ihre großartige Aufgabe. Flüsse, riesigen Trompeten gleich, singen dem Ozean das Lied von der Schönheit der Erde, der Feldbestellung, der Pracht der Städte und der Menschen Ruhm. Ich sagte Ihnen auch das: Vor allen andern Flüssen liebe ich den Rhein. […]

Ja, mein Freund, der Rhein ist ein edler Fluss: aristokratisch, republikanisch, kaiserlich, würdig, sowohl Frankreich als auch Deutschland anzugehören. Die gesamte europäische Geschichte, in ihren zwei großen Aspekten betrachtet, liegt in diesem Fluss der Krieger und der Denker, in dieser phantastischen Woge, die

Buchcover *Der Rhein* von Victor Hugo

9 Karl Simrock, *Das romantische und malerische Rheinland*

Gegenüber:
Aus Hinterrhein und Vorderrhein entsteht der Rhein

Folgende Doppelseite:
Die Emserbrücke ist die älteste der Rheinbrücken in Reichenau

Frankreich zur Tat anregt, in diesem tiefgründigen Rauschen, das Deutschland träumen lässt.

Der Rhein vereint alles. Der Rhein ist schnell wie die Rhône, breit wie die Loire, eingedämmt wie die Maas, gewunden wie die Seine, klar und grün wie die Somme, geschichtsträchtig wie der Tiber, königlich wie die Donau, geheimnisvoll wie der Nil, goldbestickt wie ein Fluss in Amerika, von Geschichten und Gespenstern umwoben wie ein Fluss im Innern Asiens ...«[10]

Wow: Da finden wir es ganz und gar entworfen, das Weltprogramm mit dem Thema Rhein. Und der Maler Max Ernst, in Brühl am Rhein geboren, hatte gute hundert Jahre später 1942 in seinem New Yorker Exil auch noch etwas hinzuzufügen, als er sich an Köln, die große Nachbarstadt von Brühl, erinnerte:

»Hier kreuzen sich die bedeutendsten europäischen Kulturströme, frühe mediterrane Einflüsse, westliche Regionalismen, östliche Neigung zum Okkulten, nördliche Mythologie, preußisch-kategorischer Imperativ, Ideale der französischen Revolution und noch manches andere.«[11]

10 Victor Hugo, *Der Rhein*
11 *Der Rhein, Eine europäische Flussbiografie*

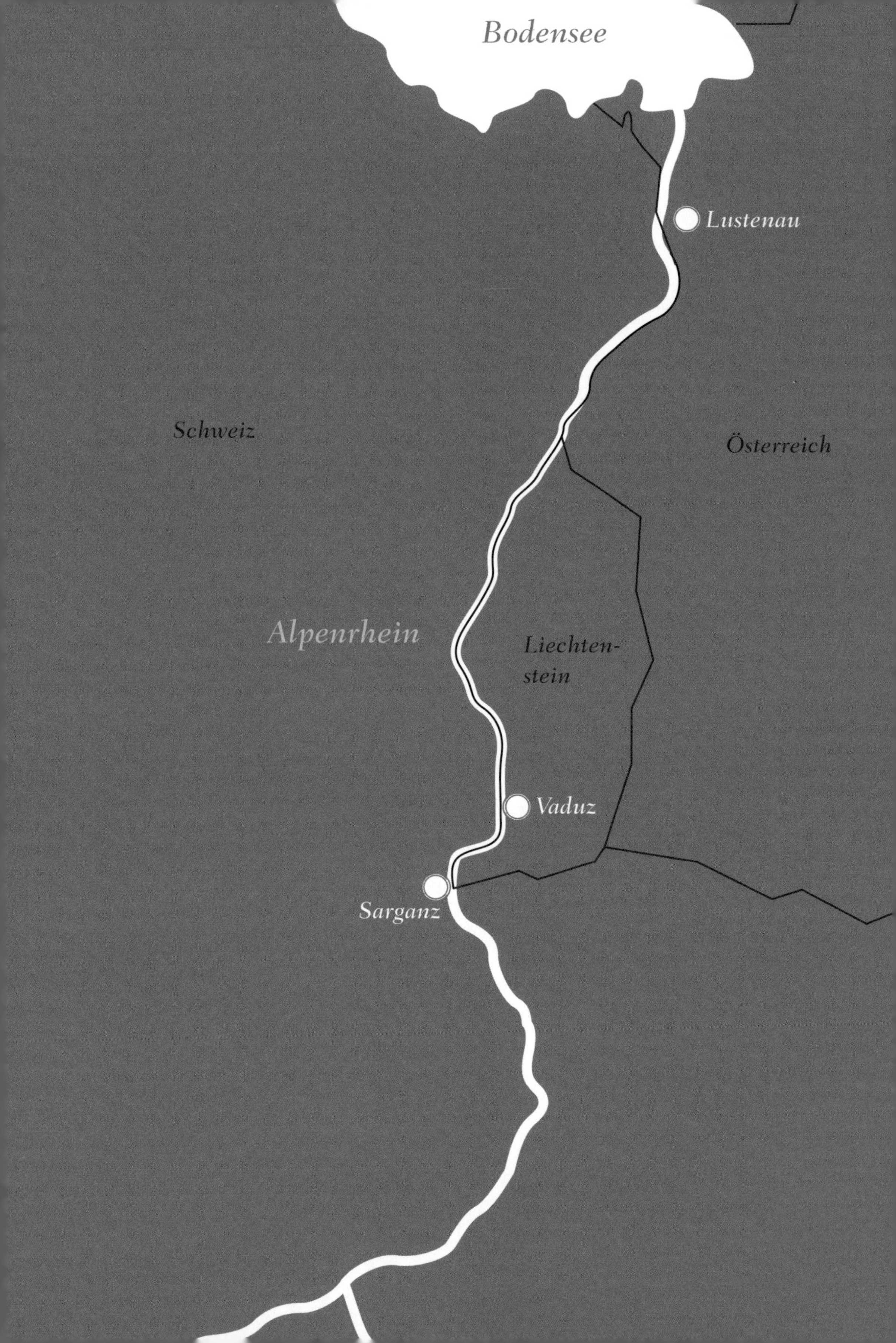
Bodensee
Lustenau
Schweiz
Österreich
Alpenrhein
Liechten-
stein
Vaduz
Sarganz

Der junge Rhein

Das kenntnisreichste und nützlichste Buch über den Rhein hat gewiss Horst Johannes Tümmers 1994 veröffentlicht.[12]

Wir haben es auf unserer Reise dabei und lesen immer wieder nach: Etwa 4,5 Milliarden Jahre sei die Erde alt, und den Rhein in seiner heutigen Gestalt, sagt Tümmers, gäbe es erst seit dem Abklingen der letzten Eiszeit, das wären rund zehntausend Jahre. Klingt jung, aber in Wirklichkeit gibt es den Rhein, einen Fluss aus Gletscherwasser, das hier aus den Bergen fließt, seit rund zehn Millionen Jahren, und überraschende Fossilienfunde, die vor einigen Jahren bei Sprendlingen in Rheinhessen gemacht wurden, lassen dieses Alter neuerdings noch mal an die fünf Millionen Jahre zurück datieren. Also: Es gibt ihn schon sehr, sehr lange und hoffentlich noch sehr, sehr lange.

Und kaum ist er da, wird er auch schon etikettiert und verbandelt:

»Hoch von den Alpen her thut sich der Rhein ergiessen,
Und steht mit oben an bey allen deutschen Flüssen,
Soll aller Ströme Frau mit Recht die Donau seyn,
So ist mit gleichem Recht ihr Mann der edle Rhein«[13]

So reimte dereinst ein unbekannter Dichter.

Es sei angemerkt, dass die Dame Donau den Herrn Rhein an Größe weit übertrifft: Unser Vater Rhein wird es auf rund 1230 Kilometer bringen, die Mutter Donau ist etwa 2850 Kilometer lang und auch noch niedlich im Vergleich zu Amazonas oder Nil, die es beide auf rund 7000 Kilometer schaffen. Aber immerhin nannte Alphonse de Lamartine unseren Rhein den *»Nil des Okzidents«*!

Alphonse de Lamartine
Kolorierte Lithografie, 1848

12 Horst Johannes Tümmers, *Der Rhein. Ein europäischer Fluss und seine Geschichte*
13 *Der Rhein in Mythen, Märchen und Erzählungen*

Die Burg Vaduz im Fürstentum Liechtenstein

Gasthof *Zum Deutschen Rhein*

»O rolle stolz und frei, zieh' deines Wegs gelassen,
du Nil des Okzidents, Nationenbecher Rhein,
und schwemme mit dir fort den Ehrgeiz und das Hassen
der Völker, die geschart sich deiner Woge freu'n!«[14],

dichtete er 1841 in seiner *Friedens-Marseillaise*.

Uns reichen die mehr als tausend Rheinkilometer – wir haben damit genug abzuwandern, zu fahren, per Schiff zu reisen und folgen nun dem Rhein in sein zweites Land, ins Fürstentum Liechtenstein, auf liechtensteinerisch *Förschtatum Liachtaschta* genannt.

Von Weitem sieht es schön aus: prächtige Burg auf hohem, grünem Felsen. Von Nahem ist es ein zugebautes Stückchen Land ohne jeden Charme, ganz Japan scheint auch gerade hier zu sein und wir sitzen im Gasthof *Zum Deutschen Rhein*. Ich wusste es! Er ist doch unserer!

Klein ist Liechtenstein, nur rund fünfundzwanzig Kilometer an seiner längsten und fast dreizehn an seiner breitesten Stelle, eine grüne Insel. Nur elf Prozent sind besiedelt, der Rest Berge, Felsen, Wald, Landwirtschaft. Wird hier etwa Schlämmkreide gewonnen, wie in Belgien, Polen oder Russland? Mir kommt nämlich Ada Christa Brauner in den Sinn, eine längst verstorbene Kinderfunk-Redakteurin des Südwestfunks, die jedem neuen Mitarbeiter einen Satz diktierte, um zu sehen, wie viele Fehler er oder sie machte. Jeder machte Fehler, jeder. Wir schrieben *Lybien* falsch und *Schlemmkreide*, wir scheiterten bei *Staniol* und *Hämorhiden*. Die ganz Blöden scheiterten schon bei *rythmisch*.

Richtig musste es heißen:

»Das Fürstentum Liechtenstein liefert in rhythmischen Abständen an Libyen Schlämmkreide, nummeriert und in Stanniol verpackt, sowie Pappplatten und Medikamente gegen Halskatarrh und Hämorrhoiden.«

Ada Christa Brauner konnte jedes Mal über uns Dummköpfe triumphieren – das war sozusagen meine erste Begegnung mit Liechtenstein. Das mit der Schlämmkreide war aber nur

14 Alphonse de Lamartine, *Friedens-Marseillaise*

behauptet, schätze ich. Einen ganz ähnlichen Text hat Erich Kästner, soviel ich weiß, im *Fliegenden Klassenzimmer* als besonders bösartiges Diktat verwurstet. Uns triezte Ada Christa damit, und sicher versucht sie es nun im Himmel weiter und die Engel müssen zum Diktat zu ihren Füßen sitzen. Und Kästner lacht und schreibt alles richtig.

Folgende Doppelseite:
Im Fürstentum Liechtenstein an der Staatsgrenze zur Schweiz

Die zweite Begegnung mit dem wahrhaftigen Liechtenstein, fernab von Schlämmkreide, Halskatarrh und Pappplatten, war nun aber auch nicht besonders beeindruckend, doch das mag am Feiertag gelegen haben: zu heiß, zu voll, zu viele Autos auf zu engem Raum und zu viele Touristen. Ja, wir auch, aber es stören ja immer die andern – wir sie, sie uns. Immerhin sehen wir von oben den Rhein glitzern, siebenundzwanzig Kilometer fließt er ruhig als Grenzfluss zwischen Liechtenstein und der Schweiz dahin, und das Fußballstadion in Vaduz heißt auch nach ihm: Rheinpark Stadion. Das Fürstentum ist der sechstkleinste Staat der Welt, eine Erbmonarchie – aber doch weit sympathischer als etwa die Erbmonarchie Nordkorea: Kim Ilsung, Kim Jong-il, Kim Jong-un, dagegen Fürst Harald I., Fürst Harald II., Erbprinz Alois. Erbprinz! Ein ergreifend schöner Titel. Das Erbprinzenland war lange ein Steuerparadies, aber mit der Steuerbetrügerei im Land der vielen Briefkastenfirmen ist seit einem Abkommen von 2013 erst mal Schluss. Und eine Abbitte hier an Disentis, über das ich mich lustig gemacht habe, weil das Frauenwahlrecht dort *dann doch schon* 1973 eingeführt wurde – Liechtenstein wartete damit bis 1984. Dann aber!

Bemerkenswert ist die Nationalhymne von Liechtenstein, *Oben am deutschen Rhein*. Der Originaltext wurde um 1850 von einem Jakob Josef Jauch geschrieben (nicht verwandt mit Günther: der entstammt einem alten Hanseatengeschlecht, Jakob Josef einer alteingesessenen Familie des Kantons Uri!). Die Melodie ist dieselbe wie bei *God save the Queen*, aber man hat 1963 den Text ein wenig verändert, und aus dem *»deutschen Rhein«* wurde dann für das *Förschtatum Liachtaschta* doch besser der *»junge Rhein«*:

FÜRSTENTUM LIECHTENSTEIN

Oben am jungen Rhein
Lehnet sich Liechtenstein
An Alpenhöh'n.
Dies liebe Heimatland,
Das teure Vaterland,
Hat Gottes weise Hand
Für uns erseh'n.

Hoch lebe Liechtenstein
Blühend am jungen Rhein,
Glücklich und treu.
Hoch leb' der Fürst vom Land,
Hoch unser Vaterland,
Durch Bruderliebe Band
Vereint und frei.

Was doch Vaterlandsliebe, jetzt mal rein literarisch gesehen, immer für fürchterliche Blüten treibt …

Wir verlassen das Fürstentum Liechtenstein und fahren zurück über die Brücke, bei der der Grenzfluss Rhein wieder zur Schweiz gehört.

Er fließt nun allmählich dem Bodensee zu – mit dem Rad kann man auf dem künstlich angelegten Rheindamm gemächlich in etwa sechs bis sieben Stunden die rund neunzig Kilometer abfahren, die der Alpenrhein von Liechtenstein bis zur Seemündung zurücklegt.

Ursprünglich wollte er gar nicht in den See:

»Der Ur-Alpenrhein ist nicht immer geradewegs dem Bodensee entgegengeflossen; die Talformen lassen erkennen, dass er einstmals bereits bei Maienfeld oder Sargans nach Westen abbog und durch die Walenseefurche, die Linth, den Zürichsee ins Bett der Aare mündete. Als sich dann später die Wasserscheide bei Sargans/Mels hob, war ihm dieser Weg versperrt. Er hat dann erst über die Luziensteig, später im westlichen Bogen um den Fläscherberg herum sich eine Abflussbahn in Richtung Bodensee geschaffen.

Die Schlucht bei Hirschensprung lässt heute noch ahnen, mit welch wilder Kraft die Wassermassen den Durchbruch erzwangen und ihren Weg freiräumten. Das Alpenquertal wirkte wie eine Entwässerungsrinne; durch sie hindurch schoss das Wasser zu Tal, zum Bodensee hinunter.«[15]

Die Schlucht bei Hirschensprung, der Durchbruch des Rheins

Um ein Haar hätte es also gar keinen vielbesungenen deutschen Rhein gegeben, sondern der Zürichsee hätte ihn geschluckt! Da hat die deutsche Romantik ja noch mal richtig Glück gehabt.

Im Jahr 15 v. Chr. soll es auf dem Bodensee zu einer Seeschlacht zwischen Kelten und Römern gekommen sein – die Römer siegten, der Weg in den Norden, eben auch über den Rhein, war für sie frei.

Etwas, das so stark ist wie dieser Fluss, wird natürlich bekämpft, in stramme Betten gezwungen, eingefasst, umgeleitet, begradigt, benutzt. Aus ist es mit dem freien Dahinströmen. Tümmers beschreibt ausführlich die ebenso notwendige wie trostlose Geschichte der Begradigungen und Kanalisierungen, die Schäden für Natur und Tiere, die damit einhergingen, und die letztlich auch Schäden für uns Menschen sind. Sicher, es wurde neues Land gewonnen, die Flusskraft wurde genutzt zur Energiegewinnung, die Überschwemmungen konnten eingedämmt werden – aber die ursprüngliche Flusslandschaft ging dabei verloren, man kann manches nur noch erahnen. Noch ist er jung, der Rhein, und trägt schon ein strammes Korsett.

Aber: Er bricht doch auch immer wieder aus, so gut er kann. Wie ein Jugendlicher, der einfach mal von zuhause weg will, verschwindet er bei Hard, Nähe Bregenz – sein drittes Land, Österreich – einfach mal eben im Bodensee. Weg ist er, bei Rheinkilometer 93, ab Reichenau gerechnet. Und doch sieht man ihn noch lange: Da strömt kaltes und von Geröll graues Wasser in den warmen Bodensee, bis es sich endgültig mit ihm vermischt. Aus dem Alpenrhein wird der Seerhein, bringt Kies und Geröll mit, dauernd muss ausgebaggert werden, aber mit dem Kies gewinnt man auch – Geld und Land. Würde man nicht stän-

15 Horst Johannes Tümmers, *Der Rhein. Ein europäischer Fluss und seine Geschichte*

dig baggern, hieß es neulich im WDR in einem Film über den Rhein, dann wäre der Bodensee in achtzehntausend Jahren komplett zugeschüttet mit Rheingeröll.

Meine Bewunderung für Menschen, die dergleichen akribisch ausrechnen, ist schier unermesslich.

Die Bodenseegegend ist wunderschön, geradezu gesegnet. Groß ist dieser See, 536 km², und tief, mehr als 250 m. Wir erinnern uns an die Ballade von Gustav Schwab, *Der Ritt über den Bodensee*: Da reitet im Winter ein Mann ahnungslos über das Eis,

Der Brunnen *Bodenseereiter* in Überlingen, gestaltet vom Bildhauer Peter Lenk

»Der Reiter reitet durchs helle Tal.
Auf dem Schneefeld schimmert der Sonne Strahl.
Er treibt im Schweiß durch den kalten Schnee,
er will noch heut an den Bodensee«,

und er fragt sich, wann denn der See endlich kommt:

»Fort geht's wie auf Samt, auf dem weichen Schnee,
wann rauscht das Wasser, wann glänzt der See?
Da bricht der Abend, der frühe, herein;
Von Lichtern blinkt ein ferner Schein …«[16]

Und er reitet auf den Schein zu, es ist der Ort am Ende des Sees. Der Reiter begreift, auf welch dünnem Eis er da durch die Nacht geritten ist über den zugefrorenen See, und als er am Ufer ankommt und alle ihn zu seiner kühnen Tat beglückwünschen, sinkt er vor Schreck tot nieder, *»da ward ihm am Ufer ein trocken Grab.«*

Gustav Schwabs Ballade geht zurück auf eine wohl wahre, überlieferte Begebenheit – der Elsässer Postvogt Andreas Eglisperger soll im Januar 1573 tatsächlich über den gefrorenen Bodensee nach Überlingen geritten sein. Das ging gut aus – aber für eine Ballade ist ein schauriges Ende natürlich schöner. Und auf T-Shirts ist der Ritt auch schon gelandet. *Alles* lässt sich vermarkten!

16 Gustav Schwab, *Gedichte*, Band 5

Plötzlich haben wir, nach ein paar Gläsern Wein abends am Seeufer, auch so ein Gefühl, als ritten wir gerade über den Bodensee – was für ein Unterfangen, den unzähligen Büchern über den Rhein noch eins hinzufügen zu wollen! Warum eigentlich?

Folgende Doppelseite: Der idyllische Yachthafen in Arbon

Weil es Freude macht. Weil es so schön ist, an einem Fluss entlang zu reisen und zu sehen, wie aus einem Bächlein ein Bach, ein Fluss, ein Strom wird, aus einem Baby ein Kind, ein Jüngling, ein Mann – und jetzt kommt er heraus aus dem See, in Stein am Rhein, im Schweizer Kanton Schaffhausen. *Hochrhein* nennen sie ihn nun, diesen jungen Mann, der noch mal in Ruhe gelassen werden wollte, nun aber allmählich resigniert. Doch einmal wird er noch ausbrechen, ein letztes Mal zeigt er noch allen, was er kann, einmal gibt er noch den Rocker, *born to be wild*: Er wird zum donnernden Rheinfall bei Schaffhausen.

Konstanz
Friedrichshafen
Bodensee
Lindau
Seerhein
Bregen
Arbon
Rorschach
Staad
Lustena
Alpenrhein
Feldkirch

Der Rhein wird erwachsen

Vorher wandern wir noch mal ein wenig an ihm entlang bis zu der Stelle, an der er endgültig im Bodensee verschwindet. Wir laufen auf einem Damm an der Dornbirner Ache, die ein Stück parallel zum Rhein fließt und dann östlich von ihm auch bei Hard in den Bodensee mündet. Eine Dampflok mit acht kleinen, roten Waggons tuckert bis zur Mündung an uns vorbei, voll mit Touristen, das Bähnlein fährt täglich um 15 Uhr, wir wussten nichts davon und haben es verpasst. Dafür sehen wir am Ufer Kormorane, Graureiher und Bekassinen, eine Art Schnepfe mit mächtig langem Schnabel. Wo Wasser ist, ist immer auch Leben, egal wie drastisch die Ufer begradigt wurden.

Die Schmalspurbahn *Rheinbähnle* auf dem Rheindamm

Folgende Doppelseite: Blick auf den Bodensee bei Staad am Seerhein

Beim Umkehren verfolgen wir, von wo das Bähnchen abgefahren ist und landen bei einem äußerst liebevoll eingerichteten Rheinmuseum, *Rhein-Schauen* heißt es und bietet eine Ausstellung zur Geschichte des Alpenrheins. Man lässt uns freundlich ein, erklärt, zeigt, schenkt uns den Katalog, freut sich über unser Interesse, denn, so sagt das Vorwort im Katalog: »*Der Verein Rhein-Schauen setzt sich seit 25 Jahren dafür ein, das historische Jahrhundertbauwerk der Rheinregulierung und seine Zukunft im Bewusstsein der Bevölkerung festzusetzen.*«[17]

Die Ausstellung dokumentiert, wie der Rhein im 19. Jahrhundert zu dem Fluss wurde, den wir heute hier sehen. Es muss eine unglaublich schwere Arbeit gewesen sein, dieses kraftvolle Strömen radikal umzulenken, und, räumt der Katalog ganz vorsichtig ein: »*Seit geraumer Zeit gibt es vermehrt Überlegungen und Planungen, das einst gefertigte Korsett des Alpenrheins wieder zu lockern, erste kleine Projekte wurden an der oberen Strecke bereits durchgeführt – ein ständiger Balanceakt zwischen den Bedürfnissen der Natur und der Menschen, die im Rheintal leben.*«

17 *Alpenrhein. Geschichte. Begleitbroschüre zur Ausstellung* von Nicole Ohneberg

Im Museum *Rhein-Schauen* in Lustenau

Alte Arbeiterhütte

Wir sehen Stiche, Drucke, Gemälde von Mühlen, Brücken, Fähren, von Flößen zum Warentransport, alte Pläne und Modelle. Vor allem aber sehen wir Bilder von Männern bei Schwerstarbeit am Ufer, immer korrekt gekleidet mit Jacke oder Weste und Hut, die Hemdsärmel hochgekrempelt. Und wir erfahren viel über die furchtbaren Hochwasser, mit denen der Alpenrhein je nach Schmelzwasser und Wetterlage immer wieder zuschlug, ehe man ihn in ein Bett zwang und das Vorarlberger Rheintal vor Überschwemmungen schützte. Die beiden Rheindurchstiche, der Diepoldsauer und der Fußacher, sind genauestens dokumentiert und nötigen mit den vielen Problemen, die dabei zu bewältigen waren, Respekt ab. Die Arbeiter wohnten in eigens errichteten Baracken, wurden verpflegt und von Krankenkassenärzten untersucht, trotzdem kam es immer wieder zu schweren Erkrankungen. Das Wasser war schuld, stellte man schließlich fest und transportierte dann täglich gutes Brunnenwasser in Fässern an die Arbeitsstellen – der Rhein war also schon damals nicht mehr trinkbar. Heute versorgt der Bodensee rund vier Millionen Menschen mit Trinkwasser, das nur einfach und naturnah aufbereitet werden muss – das Bergwasser kommt klar und sauber an, der See ist nicht verschmutzt.

»*Der Fluss, der den Menschen einst Katastrophen, Nöte und Unheil bescherte, fließt heute völlig selbstverständlich durch die neuen Wohn- und Industriegebiete*«, heißt es im letzten Kapitel des Katalogs, Überschrift: »*Erwartungen erfüllt.*« Aber man gibt auch zu: Die Flusslandschaft wurde durch all diese Eingriffe nicht gerade zum Besseren verändert, der Erholungswert des Flusses sank, die ökologischen Auswirkungen waren gravierend, so gravierend, dass die Internationale Regierungskommission Alpenrhein (IRKA) Ende 2005 ein nachhaltiges Entwicklungskonzept für den Alpenrhein verabschiedet hat. »*Die Umsetzung der darin enthaltenen Empfehlungen lässt noch auf sich warten*«, heißt es lapidar. Ja, das haben Umsetzungen politischer Ideen gemeinhin so an sich – sie lassen gern auf sich warten.

Was für eine reich beschenkte Landschaft ist diese Gegend am Bodensee! Schon vor fünftausend Jahren war hier Siedlungsraum, Pfahlbautenfunde im See belegen das. Hier gab und gibt es alles: Berge, Wasser, gutes Klima, Rosen, Reichtum, Wein, Fachwerkhäuser, Spargel, Erdbeeren, Touristen, Torten, Kuchen, alles ist lieblich, alles blüht noch oder schon im Mai, als wir reisen, die Landschaft lacht und die Orte enden auf …*ingen*: Scherzingen, Kreuzlingen, Münsterlingen; *-ingen* bedeutet: angehörend, dazugehörend. Das Wort HEIMAT drängt sich geradezu auf. Wir fahren durch prächtige Orte, die auch neckisch locken mit Events wie *Krach am Bach*, wohl ein Open-Air-Konzert, oder *Beiz mit Reiz*, der Fall ist klar. Man reimt wohl gern in *Stein am Rhein …*

Wir übernachten direkt am See, sitzen abends herrlich entspannt bei gutem Wein am Wasser und lesen die Ferienzeitung 2017, für Urlauber herausgegeben, falls es mal regnen sollte: Schlösser, Burgen, Wellnessoasen, Badeparadiese, Naturmuseum Konstanz, Jüdisches Museum Gailingen, Fasnachtsmuseum Schloss Langenstein, Bibelgalerie, Weinmuseum, Traktor- und Baggermuseum, Dornier Museum Friedrichshafen mit Originalrequisiten aus Serien und Kinofilmen, Zeppelinmuseum, Hutmuseum, Bergbauernmuseum, Napoleonmuseum, Willkommen auf dem Fuchshof, SEA LIFE in Konstanz mit Berührungsbecken und Seepferdchengrotte –

Das Spaßprogramm nimmt überhaupt kein Ende mehr, und Tom und ich erinnern uns daran, wie wir vor rund zwanzig Jahren auf unserer ersten gemeinsamen »Dienstreise« in Neuseeland aus Jux die *Glühwürmchengrotte* am Lake Te Anau besuchten. Mir gefiel es nicht da unten in der muffigen Höhle, und Tom gab den enttäuschten Ehemann und fluchte laut: *»Da spare ich jahrelang auf die Glühwürmchengrotte, und dann gefällt sie dir mal wieder nicht, was willst du eigentlich?«* Deutsche Touristen um uns herum schwiegen betreten bei so viel »ehelichem« Unglück. Vom Besuch der Seepferdchengrotte in Konstanz nahmen wir lieber Abstand.

UNESCO-Weltkulturerbe: Pfahlbauten am Bodensee

Folgende Doppelseiten:
Stein am Rhein

Blick auf die Hafenanlage *Schifflände* am Fuße der Burg Hohenklingen

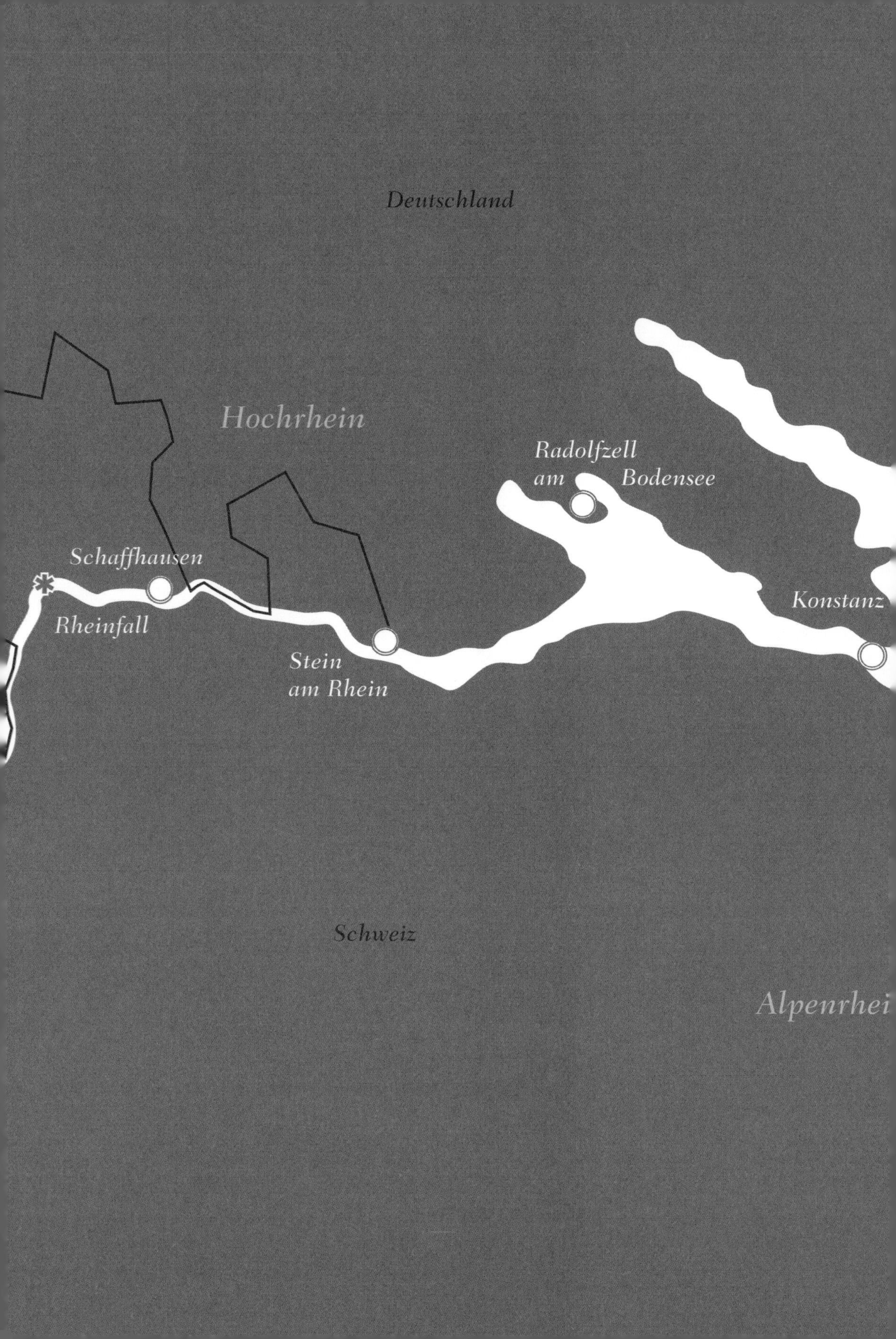
Deutschland
Hochrhein
Radolfzell
am Bodensee
Schaffhausen
Rheinfall
Konstanz
Stein
am Rhein
Schweiz
Alpenrhei

Ein letztes Aufbäumen

Am nächsten Tag fahren wir beschwingt durch diese so reiche Gegend weiter, und da ist er auch wieder, unser Rhein – in Stein am Rhein, schon Kanton Schaffhausen, kommt er raus aus dem Bodensee, in den er sich trotzig und bockig nach all den Blessuren, Maßnahmen, Kraftwerken, Fabriken und Begradigungen für ein paar Kilometer verkrochen hat. Breit ist er jetzt, sehr schnell, er wird erwachsen, er zieht von Zuhause aus, raus aus den Bergen, jetzt hat er noch gute tausend Kilometer vor sich bis zum Meer. Und darum lässt er es noch ein letztes Mal ordentlich krachen. Tückisch friedlich fließt er auf Schaffhausen zu, leise, rasch, durch dunkelgrüne Ufer, so könnte der Amazonas auch aussehen, sicher liegen Krokodile am Ufer, aber er hat etwas anderes vor, um uns zu erschrecken: Auf mehr als 150 Metern Breite geht es in der Kurve bei Schaffhausen mit Karacho und viel Wasserschaum und Donner gute fünfundzwanzig Meter in die Tiefe, hier kommt keiner lebend raus und keiner ran, ohne fünf Euro zu zahlen.

Prächtige Fassadenmalerei am Rathausplatz in Stein am Rhein

Der Rheinfall ist ein Geschäft mit Pommes, Eis, Fotos, Parkplatz, und Japan hat jetzt anscheinend Liechtenstein verlassen und ist auch schon wieder komplett da. 600 m^3 Wasser donnern hier pro Sekunde in die Tiefe, einmal, bei sehr hohem Wasserstand 1965, sollen es unvorstellbare 1250 m^3 pro Sekunde gewesen sein. Und einmal, erzählt die Sage, soll ein müder, eingeschlafener Schiffer mit seinem Kahn heruntergestürzt und wohlbehalten unten gelandet sein. Weil ihm das aber keiner glauben wollte, führte er die Nummer gleich noch mal vor, und – Na, was glauben Sie denn? – war beim zweiten Mal natürlich tot. Also, ich rate ab.

Man kommt ohnehin nicht dicht genug dran, nur unten, im Schaumsee, trudeln Touristenbötchen herum und suggerieren

Wilde Strömung unmittelbar vor dem Rheinfall

.... und dann fällt er

Gefahr. Aber jede Gefahr ist heute befriedet und alles schön eingezäunt, schon wegen der fünf Euro.

Das war anders zu Eduard Mörikes Zeiten:

»Halte dein Herz, o Wanderer, fest in gewaltigen Händen!
Mir entstürzte vor Lust zitternd das meinige fast.
Rastlos donnernde Massen auf donnernde Massen geworfen,
Ohr und Auge, wohin retten sie sich im Tumult?«[18],

schrieb er 1846 in seinem Gedicht *Am Rheinfall.*

»In der menschlichen Natur liegt ein heftiges Verlangen, zu allem, was wir sehen, Worte zu finden, und fast noch lebhafter ist die Begierde, dasjenige mit Augen zu sehen, was wir beschreiben hören.« Mit diesem Satz beginnt Goethe auf seiner Schweizer Reise im Jahr 1797 die *Beschreibung des Rheinfalls bei Schaffhausen*, denn natürlich war Goethe auch da, wo war der denn nicht damals – er ließ sich aber nicht derart überwältigen wie der schwäbische Pfarrer und Dichter Mörike. Ihn, der sich ja so sehr für Farbenlehre interessierte, faszinierten vor allem die Regenbögen, die durch das Zusammenspiel von Gischt und Sonne entstanden und noch heute wunderschön entstehen:

»Von dem großen überströmten Felsen schien sich der Regenbogen immerfort herab zu wälzen, indem er in dem Dunst des herunterstürzenden Schaumes entstand. Die untergehende Sonne färbte einen Teil der beweglichen Massen gelb, die tiefen Strömungen erschienen grün und aller Schaum und Dunst war licht und purpur gefärbt; auf allen Tiefen und Höhen erwartete man die Entwicklung eines neuen Regenbogens.«[19]

Eine besonders beeindruckende Schilderung gibt uns Wilhelm Heinse in einem Brief an den Dichter Ludwig Gleim, im August 1780. Darin schreibt er:

»Der Mensch steht klein wie ein Nichts davor da, und kann nur bis ins Innerste gerührt den Aufruhr betrachten. Es ist ein Riesensturm, und man wird endlich ungeduldig, dass man ein so kleines festes mechanisches zerbrechliches Ding ist, und nicht mit hinein

18 Eduard Mörike, *Gedichte und Erzählungen*
19 Johann Wolfgang von Goethe, *Tagebuch 1797*

kann. O Gott, welche Musik, welches Donnerbrausen, welch ein Sturm durch all mein Wesen! Man hört und fühlt sich selbst nicht mehr, das Auge sieht nicht mehr, und lässt nur Eindruck auf sich machen; so wird man ergriffen und von nie empfundnen Regungen durchdrungen. Oben und unten sind kochende Staubwolken; und in der Mitte wälzt sich blitzschnell die dicke Flut wie grünlichtes Metall mit Silberschaum im Fluss; unten stürzt es mit allmächtiger Gewalt durch den kochenden Schaum in Abgrund, dass er wie von einer heftigen Feuersbrunst sich in Dampf und Rauch auflöst, und sich über das weite Becken wirbelt und kräuselt. Rundum weiterhin ist alles Toben und Wüten, und das Herz und die Pulse schlagen dem Wassergotte, wie einem Alexander nach gewonnener Schlacht.«[20]

Ach, wie gern würde ich das auch so stark empfinden … aber Heinse, Mörike und Goethe wanderten noch am Ufer entlang und standen dann plötzlich staunend vor den Wassermassen, die da wie über mehrere Terrassen in Kaskaden herunterstürzten. Wir heute werden erst mal zum Riesenparkplatz gelenkt und stehen dann Schlange, eingezäunt mit Sichtblenden am Tor, bis das Drehkreuz zum Eingang sich nur mit bezahltem Ticket löst, dann wälzen wir uns hintereinander über einen schmalen Weg nach unten, Eis, Pommes und Handys vorm Gesicht, ah, Wasserfall, klick, Foto, weiter geht's, die nächsten drängen schon nach. Keine Ruhe, keine Möglichkeit, sich beeindrucken, erreichen, die Seele beben zu lassen – zur Tourismusattraktion verwurstet, eine Natur, die grandios und beeindruckend ist, aber nicht mehr in der Lage, uns mit dieser Schönheit noch *unmittelbar* zu erreichen. Zurück geht's aufwärts, und dann wird auf dem Parkplatz das Auto gesucht. In Staus fahren wir davon, schweigend, enttäuscht. So, und nur so gesehen, ist der Rheinfall – einer der drei größten Wasserfälle Europas – ein Reinfall.

Teuer, aber unabdingbar: ein Selfie vor dem Rheinfall

Fährt je irgendwer nach Schaffhausen hinein? Dreht sich alles nur um den Wasserfall? Ich weiß von Schaffhausen nur zwei Dinge: Einmal, dass der Ort eben genau hier entstand, weil ohnehin kein Schiff mehr weiterkam bei diesem Rheinfall. Hier mussten Güter über Land weiter transportiert werden –

20 Wilhelm Heinse, *Am Rheinfall von Schaffhausen*

Gegenüber:
Der Rheinfall bei Schaffhausen

Folgende Doppelseite:
Ohrenbetäubend und einmalig

es war also ein sehr früher Handelsplatz. Und zweitens: Das kleine Schaffhausen wurde im Zweiten Weltkrieg 1944 irrtümlich bombardiert und stark zerstört. Und der Rheinfall liegt zwar *bei* Schaffhausen, aber eigentlich *in* Neuhausen, und auch dort haben wir nicht mehr Halt gemacht – nur eben, wie wohl alle, beim Wasserfall.

Schließlich ist er schon seit dem 18. Jahrhundert eine Attraktion für Wanderer und Reisende, heute dann eben für kanalisierte Tourismusmassen – die Infotafeln gleich hinter dem Eingang informieren über Alter, Breite, Höhe, Tiefe, Abflussmenge pro Sekunde in Deutsch, Englisch, Französisch, Italienisch, Spanisch, Japanisch, *»Age of the falls 14 000–17 000 years, altezza della cascata 23 m, profundidad de la cuenca 13 m.«* Umfassend. Nüchtern. Da wird nichts mehr romantisiert, besungen, gemalt. Wir sind im 21. Jahrhundert des Massentourismus angekommen.

Natürlich wurde die Kraft dieses gewaltigen Wasserfalls auch zu früheren Zeiten für Wassermühlen genutzt – ein Eisenwerk siedelte sich schon 1704 an. Heute gibt es hier das Rheinkraftwerk Neuhausen und das Kraftwerk Schaffhausen.

Hinter Schaffhausen ist für den jungen Herrn Rhein sowieso endgültig ganz und gar Schluss mit dem Herumtoben. Der Rhein tritt nach den Jugendeseleien ins Berufsleben ein. Das hat einerseits mit Kraftwerken zu tun – das Laufwasserkraftwerk Rheinau auf der Grenze zwischen der Schweiz und Deutschland wartet schon – und vor allem aber mit dem europäischen Transportwesen, das nun bald und bis zu seinem Ende seine berufliche Laufbahn ausmachen wird.

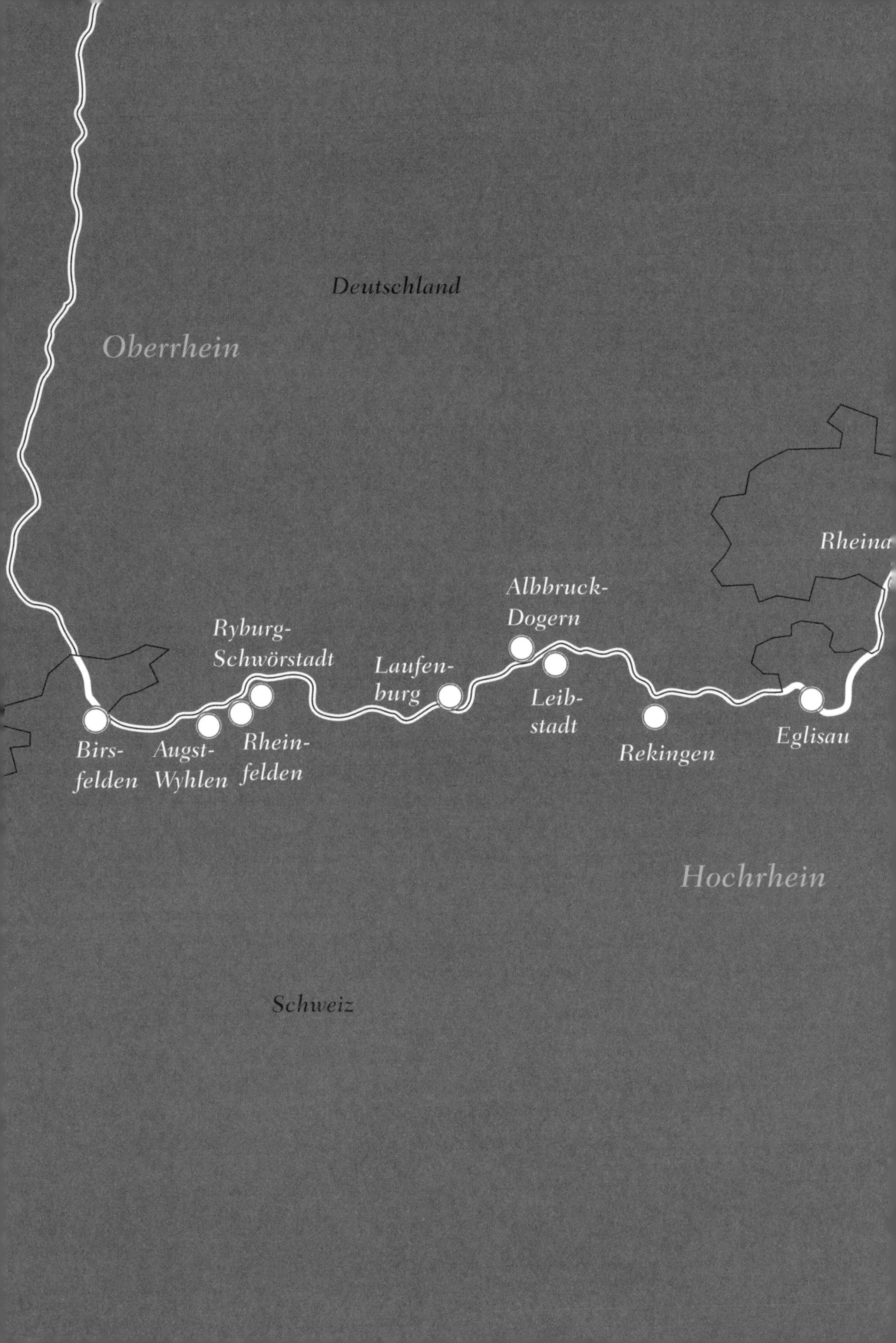
Deutschland
Oberrhein
Rheina
Albbruck-
Dogern
Ryburg-
Schwörstadt
Laufen-
burg
Leib-
stadt
Birs-
felden
Augst-
Wyhlen
Rhein-
felden
Rekingen
Eglisau
Hochrhein
Schweiz

Es wird ungemütlich

Auf der Weiterfahrt knallt uns der Kühlturm des Kernkraftwerkes Leibstadt im Kanton Aargau nahe der deutschen Grenze die Sonne mit Wasserdampf zu, der aus dem einhundertvierundvierzig Meter hohen Kühlturm steigt. Unaufhörlich, dreihundert bis fünfhundert Meter hoch pufft der Wasserdampf in die Luft und verdunkelt den Himmel, sagt man, um rund hundert Stunden jährlich. Hunderttausend Mark sollen die Betreiber daraufhin einst der Gemeinde Dogern als Schadensersatz für entgangene Sonne gezahlt haben. Tausend Liter Rheinwasser kühlen den Reaktor pro Sekunde und verdunsten.

Vergeblich habe ich versucht, herauszufinden, wie viele Kraftwerke insgesamt am Rhein stehen – eine Gesamtzahl war nicht zu ermitteln, es gliederte sich in zu viele verschiedene Arten von Kraftwerken auf: Kernkraftwerk, Heizkraftwerk, Großkraftwerk, Kohlekraftwerk, Wasserkraftwerk – man blickt nicht durch, aber die Zahl ist gigantisch, und der Rhein gibt stoisch sein Wasser zum Kühlen und seine Kraft zum Antrieb und nimmt auf, was nicht mehr gebraucht wird.

Freiwillig macht der das nicht. Er ist gezwungen worden, begradigt, er wird gestaut, immer wieder, und die Staustufen stoppen und regulieren nicht nur seinen Lauf, sondern sind auch Energielieferanten. Schon die Klöster früher nutzten mit hölzernen Mühlrädern diese Wasserkraft. Aber der Fluss floss, wie er wollte. Seit der Erfindung der Elektrizität ist das anders. Die Kraftübertragungswerke Rheinfelden AG, 1895–1898 erbaut, waren das erste elektrische Energie erzeugende Unternehmen am Rhein, und danach ging es mit der Entstehung weiterer Kraftwerke Schlag auf Schlag – wie gesagt, ein Überblick ist schier unmöglich, eben auch wegen der verschiedenen Kategorien.

Aktie über 1000 Mark der Kraftübertragungswerke Rheinfelden vom Juni 1912

Kraftübertragungswerke Rheinfelden
1000 Mark
AKTIE
№ 10807
Eintausend Reichsmark

Folgende Doppelseite:
Das Atomkraftwerk Leibstadt am Rhein

Ich habe es aufgegeben, zu zählen, bin schon in der Schweiz gescheitert – Rheinfelden, Augst-Wyhlen, Laufenburg, Eglisau, Ryburg-Schwörstadt, Albbruck-Dogern, Rekingen, Birsfelden, Rheinau –, es nimmt kein Ende. In Deutschland fallen mir auf Anhieb die Kernkraftwerke Karlsruhe, Philippsburg, Biblis ein, Fessenheim in Frankreich, Dodewaard in den Niederlanden – und überall immer wieder Störfälle. Jetzt sind aber die anderen Kraftwerke (Kohle, Gas, Öl, Wind, Wasser) noch gar nicht mitbedacht. All das: am Rheinufer.

Dass so etwas einen Fluss verändert, ist klar: Schluchten verschwinden durch Sprengungen, Dämme machen den Wasserverlauf langsamer, hölzerne Brücken müssen steinernen weichen, das Landschaftsbild verändert sich gravierend, die Lebensbedingungen für Pflanzen, Tiere, und ja: Menschen auch. Tümmers hat dazu noch eine schöne Anekdote auf Lager: *»Hans Albert Einstein, Sohn des Nobelpreisträgers, arbeitete in der Versuchsanstalt für Wasserbau der ETH Zürich. Der Vater erkundigte sich nach dem Forschungsgebiet des Sohnes. Er befasse sich mit Geschiebetrieb und Widerstandsbeiwert, war die Antwort. Der Vater darauf: ›Lass die Finger davon. Das ist viel zu kompliziert.‹«*[21]

Wenn Einstein schon die Sache mit dem Rheinwasser zu kompliziert war, wie sollen dann wir das alles verstehen …

Gegen eventuelle Unfälle im Kernkraftwerk sind die Schweizer gut geschützt – Tümmers zitiert die lokalen Verhaltensmaßregeln bei einem eventuellen Störfall im KKL, im Kernkraftwerk Leibstadt, das seit 1984 und durchaus nicht ohne Störfälle in Betrieb ist:

Wenn die Sirenen heulen, *»dann sofort, aber auch sofort Türen, Fenster und Fensterläden schließen, Apparate und Herdplatten ausschalten, offene Feuer löschen, Radio einschalten (DRS 1), nicht telefonieren, Heubelüftung abstellen (max. zwei Tage), und dann defig ab in Chäller. Der Aufenthalt kann max. zwei Tage dauern. Nach der Entwarnung ist zur Alltagsarbeit zurückzukehren (Heubelüftung wieder einschalten). Wir danken für Ihr Verständnis.«*[22]

21 Horst Johannes Tümmers, *Der Rhein. Ein europäischer Fluss und seine Geschichte*
22 Ebd.

Zwei Tage? Haben die in Tschernobyl irgendwas falsch gemacht? Was ist dort aus der Heubelüftung geworden? Im Internet kann man die Notfallbroschüre für eventuelle Störfälle in Leibstadt nachlesen – im Haus bleiben, alle Fenster schließen, am besten wäre natürlich: gar nicht mehr atmen, und: tüchtig Jodtabletten essen. Na also, ist doch alles gar nicht so schlimm. Wenn gar nichts mehr geht, wird evakuiert, dazu hören Sie bitte Radio, wenn Sie noch hören können.

Wir lassen dieses heiße Thema jetzt einfach mal aus und bleiben beim Rhein, der nichts dafür kann.

Ein Fluss hat Fische. Was wird eigentlich aus denen, wenn am Fluss ständig herumgebaut, kaltes Wasser entnommen, gewärmtes rückgeführt wird? Das nächste heikle Thema. Die Fische resignieren vor Staustufen und Dreck, Temperaturen und Turbinen. Sie werden in den Schleusen von den Schiffsturbinen zerstückelt, sie ersticken im unsauberen Wasser, Wirtshäuser wie *Zum Hecht* und *Zum Salmen* haben noch nette nostalgische Namen, und die paar Fischtreppen, die angelegt wurden, helfen vielleicht weiter: Es soll wieder Lachse und Forellen im Rhein geben, und über die Treppen sollen sie an ihre Laichplätze kommen. Ich versuche, das zu glauben. Früher gab es viele Fischarten im Rhein, aber durch Schiffbarmachung, Verschmutzung, Flussregulierung, auch durch zu aggressive Berufsfischerei starben viele Arten nach und nach aus. Hecht, Barsch, Zander verschwanden und seltsame Exoten tauchten auf – ausgesetzt aus Aquarien oder bei Hochwasser aus Zuchtteichen herausgeschwemmt in den Rhein, wo man sogar Kois und Goldfischen begegnen kann. Ich will keinen Fischen begegnen. Ich will ja nicht mal Fische essen. Wesen, die unter Wasser atmen, sind mir unheimlich und ich denke an den Kabarettisten Konrad Beikircher, der vor einem Aquarium steht und nachdenklich sagt: *»So Fische – ganzen Tag unter Wasser – könnte ich nicht.«*

Toter Fisch am Flussbett

Unsere Laune wird trister. Wir wollten einfach nur eine schöne Flussreise am Rhein entlang machen und werden nun konfrontiert mit sehr unangenehmen und komplizierten Themen. Ausblenden? Dranbleiben? Wir beschließen: Wahrnehmen, aber nicht vertiefen, das sollen die Fachleute machen, wir sind keine Ingenieure, keine Wissenschaftler. Wir sind ein Fotograf und eine Autorin, die den Rhein erkunden wollen, und wir bleiben so gut es geht beim Poetisch-Atmosphärischen, auch wenn das nicht immer ganz leicht ist. Wir hatten, glaube ich, einfach zu bedenken vergessen, dass so ein Fluss nicht nur eine schöne, befahrbare Wasserader ist, sondern ein riesiger Industriezweig. Für uns hatte der Rhein zunächst ein metaphorisches Potenzial, getragen von Sagen, Mythen, Erinnerungen, Märchen, Geschichte und Geschichten, gefüllt mit eigenem Erleben. Aber uns wird mehr und mehr klar, wie politisch, wirtschaftlich und national aufgeladen dieser Fluss auch ist – und das nicht erst seit dem 19. Jahrhundert –, und wie sehr er als Wirtschaftsraum eingebettet ist in ein internationales Geflecht von Abkommen und Verträgen. Warum ist es am Rhein so schön? Weil wir es so haben wollen. Es ist längst nicht überall am Rhein mehr schön, und für viele, die wirtschaftlich auf ihn bauen, ist seine Schönheit ganz und gar irrelevant.

Basel mit Industrie

Wir fahren Richtung Basel. Kiesgruben, eine Sodafabrik, Natriumchlorid in Pipelines, die Lonzawerke, Novartis (früher Ciba-Geigy), Hoffmann-La Roche, Kläranlagen, Degussa, Aluminiumhütte, Dynamit Nobel – es reicht. Von Landschaft kann kaum noch die Rede sein. Und jetzt fallen wir noch einmal in tiefe Trostlosigkeit und denken an den November 1986. In diesem Jahr hatten wir schon im Frühjahr den Tschernobyl-Schrecken verkraften müssen, und nun kam Anfang November der Großbrand von Sandoz, Schweizerhalle dazu. Zusammen mit dem Löschwasser flossen dreißig bis vierzig Tonnen Chemikalien in den Rhein. Man hätte die Chemikalien besser herunterbrennen lassen sollen, sagten Fachleute hinterher, aber der Wasserstrahl der Löschtruppen spülte alles in den Fluss, und die Folgen waren verheerend. Es gab ein Massensterben von Hunderttausenden von Fischen, die verseuchte Brühe zog rot bis Holland, alle Wasserwerke mussten abgeschaltet werden, Mensch und Tier durften nicht mehr ans Ufer, die Brunnen wurden geschlossen. Enten und Vögel starben zu Tausenden. Und nur, weil der Wasserstand gerade besonders hoch war und das Gift ordentlich verdünnt wurde, war alles nicht noch schlimmer. Schlimm war aber, was in der Folge noch weiter ans Licht kam, hier bietet es sich an, den kenntnisreichen Tümmers noch einmal zu zitieren:

»Aber es war nicht nur die Schweiz, nicht nur Sandoz – plötzlich gerieten sie alle in die Schlagzeilen, die Ciba-Geigy, Hoffmann-La Roche, Lonza, BASF, Hoechst, Bayer; die Chemieunfälle schienen sich unversehens zu häufen; von Basel den Rhein hinunter folgte eine Katastrophenmeldung der anderen. Es bestätigte sich, was Besorgte argwöhnten: Der R(h)einfall bei Sandoz war kein Einzelfall, sondern Alltag am Rhein, das gewohnte Bild.«[23]

Bei den Löscharbeiten an der brennenden Lagerhalle des Chemiekonzerns Sandoz in Basel färbte sich das Löschwasser durch die auslaufenden Chemikalien rot und floß in den Rhein

Anmerkung: Das Geschäftsjahr 1986 brachte Sandoz dennoch satte Gewinne ein. Irgendwie drängen sich Vergleiche mit den Abgasbetrügereien der Autofirmen auf – es war wahrlich nicht nur VW, in immer mehr Firmen deckte man Schwindeleien auf. Aber, Kopf hoch: Umsatz überall weiter gut.

Ab Basel wird von all den Werken in Ufernähe irgendwas in den Rhein geleitet – Blei, Chrom, Quecksilber, Cadmium, Cyanide, Arsen, Phosphor – ach, und so weiter, wer versteht denn das. Meere und Flüsse dienen als Müllkippen, es fließt auch alles durch bis in die Nordsee, in Deutschland kommt noch mal eine satte Menge dazu, und sie wollen uns erzählen, der Rhein sei heute sauber? Niedlich. Eine neue Rheinsage, aber: Ganz blöd sind wir nicht.

Und wir kommen endlich in Basel an.

23 Ebd.

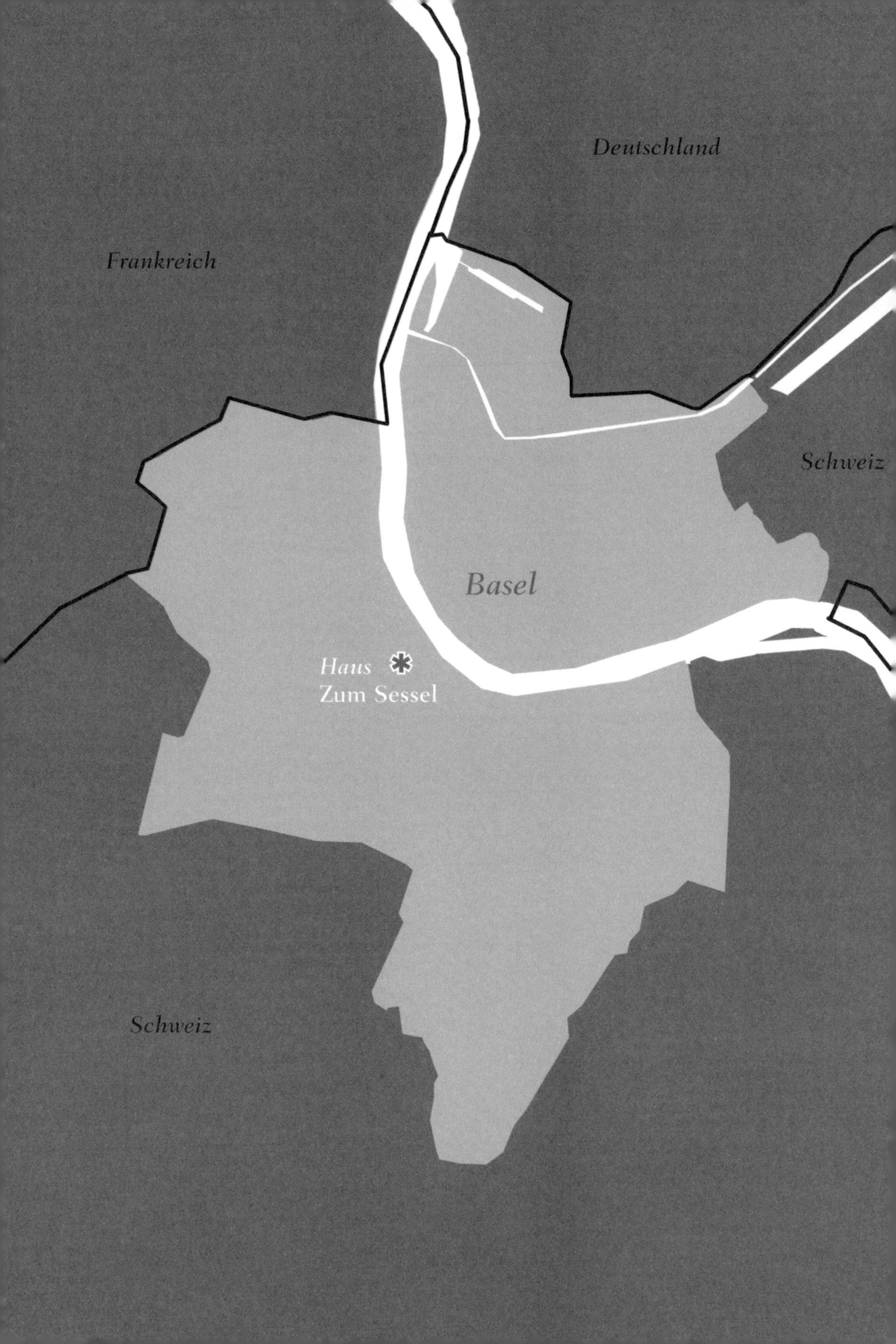
Deutschland
Frankreich
Schweiz
Basel
Haus
Zum Sessel
Schweiz

Basel

»Z'Basel an m'im Rhi,
io dört möchti sy!
Weiht nit d'Luft so mild und lau,
und der Himmel isch so blau
an m'im liebe Rhi!«[24]

Basel liegt bei Stromkilometer 165–169 im Dreiländereck Schweiz, Frankreich, Deutschland, und bei Basel, sagt man, fangen die Probleme mit dem Rheinwasser an. Hier beginnt, schreibt Tümmers böse, *»die legale Rheinvergiftung«*. Und hier am Knie von Basel ändert der Rhein seinen Namen und seine Richtung: Gerade floss er noch von Ost nach West und hieß *Hochrhein*, ab Basel ist seine Route endgültig die von Süd nach Nord und hier nennt man ihn *Oberrhein*. Es gibt fünf Brücken, vier Fähren und zwei Badeanstalten am und im Rhein, die *»Badhysli«* und herrlich befestigte Ufer, auf denen man sitzen und sich sonnen kann. Der Rhein ist freundlich in dieser schönen Stadt, er hat auch mitgeholfen, sie reich zu machen. Einmal habe ich im Hotel Krafft in der Altstadt gewohnt, das schöne, sonnige Zimmer ging zum Rhein hinaus und ich habe einfach nur lange am Fenster in der Sonne gesessen und geschaut, auf die Bäume, den grünen Fluss, die Menschen am Ufer. Städte mit einem Fluss haben immer etwas Weltoffenes, Generöses. Das tut gut.

Das erste *Badhysli* in Basel

In Zürich wird vor allem Geld gemacht, in Basel Kultur. Hier gibt es eine Fülle interessanter Museen, viel Musik, gutes Theater, Lebensqualität. Die bedeutendsten Architekten haben hier gebaut – Mario Botta, Richard Meier, Frank O. Gehry oder Renzo Piano: Basel hat Mut. Das Tinguely Museum, vom Tessiner Stararchitekten Mario Botta gebaut, liegt direkt am Rheinufer,

24 Johann Peter Hebel, *Erinnerung an Basel*

Narren auf Fahrt
Holzschnitt von Albrecht Dürer

ein Geschenk des Pharmaunternehmens Hoffmann-La Roche, Umsatz 2016: fünfzig Milliarden Schweizer Franken. Da kann man ruhig mal ein Museum finanzieren.

Hier schrieb Sebastian Brant seine Satire *Das Narrenschiff*, 1494 in Basel gedruckt, das erfolgreichste Buch vor der Reformation und erfolgreich bis heute in der ganzen Welt: Hundert Narren besteigen ein Schiff und fahren nach *Narragonien*. Wie wir wissen, sind sie immer noch unterwegs und wir sind mit an Bord.

»Ja würt all gschrifft vnd ler veracht / Die gantz welt lebt in finstrer nacht / Vnd dût in sünden blint verharren / All strassen / gassen / sindt voll narren.« – »Ja wird alle Schrift und Lehre verachtet; [dann] lebt die ganze Welt in finsterer Nacht; Und tut in Sünden blind verharren; Alle Straßen, Gassen sind voller Narren.«[25]

Drastische Holzschnitte von Albrecht Dürer veredeln das Original des Narrenschiffs und zeigen den Sitten- und Vernunftverfall der Menschen, der Narren. Wir sehen: Es gab vor mehr als fünfhundert Jahren schon die gleichen Probleme mit den ewig Durchgeknallten.

Erasmus von Rotterdam
Gemälde von Lucas Cranach d. Ä.

Erasmus von Rotterdam, der Theologe und große Gelehrte des europäischen Humanismus (übrigens ein unehelicher Sohn eines niederländischen Priesters und seiner Haushälterin!), ließ hier bei seinem Freund Johannes Froben, dem berühmtesten Drucker nach Gutenberg, seine Schriften drucken und wohnte samt Pferd zwei Jahre bei ihm – im Haus *Zum Sessel* am Totengässlein, wo heute das Pharmazie-Historische Museum ist. Als die Reformation nach Basel kam, zog er fort, mit den Reformatoren hatte er nichts im Sinn, giftige Briefe, die zwischen ihm und Luther hin und her gingen, erzählen davon. Trotzdem hatte auch Erasmus eine Menge an den Missständen in der Kirche auszusetzen und hielt in seinen Vorlesungen damit nicht hinter dem Berg, aber auf Luthers radikaler Linie war er nicht. Salopp gesagt: Luther polterte, Erasmus philosophierte. *»Wie die Luthersache ausgehen wird, weiß ich nicht. Ich habe von Anfang an immer einen stürmischen Ausgang erwartet, jetzt fürchte ich ihn.*

25 Sebastian Brant, *Das Narrenschiff*

Basel

»Z'Basel an m'im Rhi,
io dört möchti sy!
Weiht nit d'Luft so mild und lau,
und der Himmel isch so blau
an m'im liebe Rhi!«[24]

Das erste *Badhysli* in Basel

Basel liegt bei Stromkilometer 165–169 im Dreiländereck Schweiz, Frankreich, Deutschland, und bei Basel, sagt man, fangen die Probleme mit dem Rheinwasser an. Hier beginnt, schreibt Tümmers böse, *»die legale Rheinvergiftung«*. Und hier am Knie von Basel ändert der Rhein seinen Namen und seine Richtung: Gerade floss er noch von Ost nach West und hieß *Hochrhein*, ab Basel ist seine Route endgültig die von Süd nach Nord und hier nennt man ihn *Oberrhein*. Es gibt fünf Brücken, vier Fähren und zwei Badeanstalten am und im Rhein, die *»Badhysli«* und herrlich befestigte Ufer, auf denen man sitzen und sich sonnen kann. Der Rhein ist freundlich in dieser schönen Stadt, er hat auch mitgeholfen, sie reich zu machen. Einmal habe ich im Hotel Krafft in der Altstadt gewohnt, das schöne, sonnige Zimmer ging zum Rhein hinaus und ich habe einfach nur lange am Fenster in der Sonne gesessen und geschaut, auf die Bäume, den grünen Fluss, die Menschen am Ufer. Städte mit einem Fluss haben immer etwas Weltoffenes, Generöses. Das tut gut.

In Zürich wird vor allem Geld gemacht, in Basel Kultur. Hier gibt es eine Fülle interessanter Museen, viel Musik, gutes Theater, Lebensqualität. Die bedeutendsten Architekten haben hier gebaut – Mario Botta, Richard Meier, Frank O. Gehry oder Renzo Piano: Basel hat Mut. Das Tinguely Museum, vom Tessiner Stararchitekten Mario Botta gebaut, liegt direkt am Rheinufer,

24 Johann Peter Hebel, *Erinnerung an Basel*

Narren auf Fahrt
Holzschnitt von Albrecht Dürer

ein Geschenk des Pharmaunternehmens Hoffmann-La Roche, Umsatz 2016: fünfzig Milliarden Schweizer Franken. Da kann man ruhig mal ein Museum finanzieren.

Hier schrieb Sebastian Brant seine Satire *Das Narrenschiff*, 1494 in Basel gedruckt, das erfolgreichste Buch vor der Reformation und erfolgreich bis heute in der ganzen Welt: Hundert Narren besteigen ein Schiff und fahren nach *Narragonien*. Wie wir wissen, sind sie immer noch unterwegs und wir sind mit an Bord.

»Ja würt all gschrifft vnd ler veracht / Die gantz welt lebt in finstrer nacht / Vnd dût in sünden blint verharren / All strassen / gassen / sindt voll narren.« – *»Ja wird alle Schrift und Lehre verachtet; [dann] lebt die ganze Welt in finsterer Nacht; Und tut in Sünden blind verharren; Alle Straßen, Gassen sind voller Narren.«*[25]

Drastische Holzschnitte von Albrecht Dürer veredeln das Original des Narrenschiffs und zeigen den Sitten- und Vernunftverfall der Menschen, der Narren. Wir sehen: Es gab vor mehr als fünfhundert Jahren schon die gleichen Probleme mit den ewig Durchgeknallten.

Erasmus von Rotterdam
Gemälde von Lucas Cranach d. Ä.

Erasmus von Rotterdam, der Theologe und große Gelehrte des europäischen Humanismus (übrigens ein unehelicher Sohn eines niederländischen Priesters und seiner Haushälterin!), ließ hier bei seinem Freund Johannes Froben, dem berühmtesten Drucker nach Gutenberg, seine Schriften drucken und wohnte samt Pferd zwei Jahre bei ihm – im Haus *Zum Sessel* am Totengässlein, wo heute das Pharmazie-Historische Museum ist. Als die Reformation nach Basel kam, zog er fort, mit den Reformatoren hatte er nichts im Sinn, giftige Briefe, die zwischen ihm und Luther hin und her gingen, erzählen davon. Trotzdem hatte auch Erasmus eine Menge an den Missständen in der Kirche auszusetzen und hielt in seinen Vorlesungen damit nicht hinter dem Berg, aber auf Luthers radikaler Linie war er nicht. Salopp gesagt: Luther polterte, Erasmus philosophierte. *»Wie die Luthersache ausgehen wird, weiß ich nicht. Ich habe von Anfang an immer einen stürmischen Ausgang erwartet, jetzt fürchte ich ihn.*

25 Sebastian Brant, *Das Narrenschiff*

Araldite

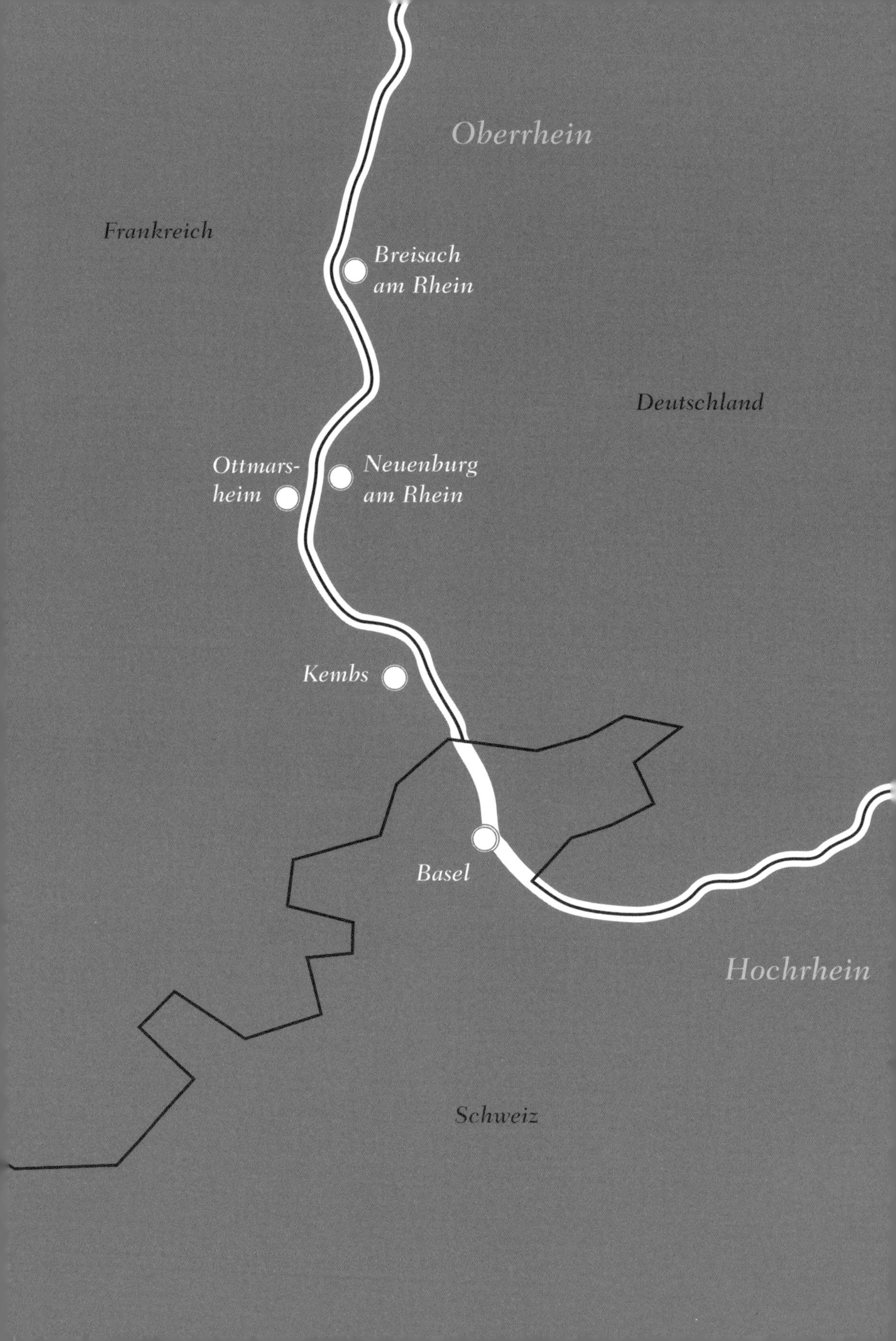
Oberrhein
Frankreich
Breisach
am Rhein
Deutschland
Ottmars-
heim
Neuenburg
am Rhein
Kembs
Basel
Hochrhein
Schweiz

Die Schiffsreise beginnt

Das Schiff lag nicht am Rhein, wir mussten es mühsam per Taxi suchen und landeten in Kembs, auf einem gestauten Rheinarm. Kembs, direkt bei Basel gelegen, ist aber französisch und gehört zum Département Haut-Rhin. Der Rhein fließt ab jetzt 51 Kilometer durch Frankreich, mit zahllosen Staustufen und Schleusen, mit Industrie ohne Ende, das alte Rheinbett ist durch einen massiven Staudamm verschlossen. Der *Canal d'Alsace* ist jetzt erst mal der Rhein, und erst hinter Breisach fließen Fluss und Kanal wieder zusammen. Tümmers sieht darin auch die Geschichte der Erbfeinde Frankreich und Deutschland, von denen der eine dem andern buchstäblich das Wasser abgrub. Und witzigerweise driften Frankreich und Deutschland trotz der Küsschen zwischen Angela Merkel und Emmanuel Macron tatsächlich voneinander weg, nämlich geologisch: Der Oberrheingraben treibt sie 0,5 Millimeter im Jahr auseinander, Leute, die besser rechnen können als ich, kommen auf rund fünf Zentimeter in rund hundert Jahren, die Schwarzwald und Vogesen auseinanderrücken. Genau hier sollte mal ein Kernkraftwerk gebaut werden, wirklich keine gute Idee. Bürger, oft klüger als Politiker, haben das verhindert.

Die *MS Rheinmelodie*

Und genau hier, in der Rheinebene beim elsässischen Ottmarsheim, schlug Cäsar 58 vor Christus eine entscheidende Schlacht gegen die Sueben unter ihrem Anführer Ariovist, und genau dann trat der Rhein sozusagen in die Geschichtsschreibung ein. Die Römer nutzten ihn als Basis für ihre militärischen Eroberungen Richtung Norden, wo die Barbaren wohnten. Sie fanden ihn nicht »romantisch« oder schön, sie nannten ihn *Rhenus horridus*, den schrecklichen Rhein. Cäsar bestimmte den Strom zur Grenze zwischen Gallien und Germanien, und die Römer blieben rund fünfhundert Jahre am Rhein, gründeten Städte und Festungen, betrieben Krieg und Handel. Aber sie brachten auch Rechtssicherheit, Bildung, Kunst, *the Roman way of life*, Thermen, Trinkwasser, Amphitheater, Wohlstand. Nichts gegen die Römer!

Die Schleuse *Kembs-Niffer* von Le Corbusier am Ende des Rhein-Rhône-Kanals

Wir wollen auch in Richtung Norden, sozusagen auf Cäsars Spuren und vorbei an all den Städten, die die Römer gründeten. Aber zuerst müssen wir unser Schiff finden – gar nicht so einfach.

Aber: Da liegt sie, unsere *Rheinmelodie,* im stillen Rheinseitenkanal, wo es tatsächlich eine von Le Corbusier erbaute Schleuse, *l'écluse de Kembs-Niffer,* gibt.

Die *Rheinmelodie* ist ein Ausflugsschiff, auf dem zweihundert Passagiere den ganzen Sommer lang den Rhein rauf- und runterschippern können, betreut von rund vierzig Crewmitgliedern. Das Schiff ist 132 m lang, 11 m breit, hat 1800 PS und einen ukrainischen Kapitän. Die Besatzung kommt aus Ungarn, Polen, Rumänien, ist freundlich und versteht nicht wirklich Deutsch. Macht nichts, es geht auch so und Ramona aus Rumänien vermittelt. Petya ist auf diesem Schiff kein zerstörerischer Trojaner im PC, sondern ein entzückendes rothaariges Zimmermädchen aus Bulgarien, das mich jeden Tag mit neuen Dekorationsideen erfreut: Mal liegen das aufgeschlagene Buch und meine Brille zusammen auf dem Kopfkissen, mal stehen Tasche und Strohhut ausgehbereit nebeneinander auf dem Bett, mal sind die Frotteetücher zu Schwänen gefaltet – Petya ist eine Künstlerin und wie alle an Bord: immer freundlich. Einmal tritt die Crew auf mit einem lustigen Programm und führt Sketche auf, die geradezu aberwitzig dadaistisch sind, da müssen keine Sprachbarrieren überwunden werden. Diese wirklich subversive Version von Aschenputtel, die immer nur lächelt und zu allem *»Okay!«* sagt, dem Prinzen, der immerzu ruft *»Ich bin der Prinz, ich bin so schön!«* (Aschenputtel: *»Okay!«*) und den beiden bösen Stiefschwestern (dicke Kellner mit blonden Perücken), die schreien: *»Wir sind die bösen Schwestern! Wir sind so hässlich! Wir sind so böse!«* (Aschenputtel: *»Okay!«*) – das werde ich nie vergessen. Ein gelber Gummistiefel wird hin- und hergeworfen – das ist der gläserne Schuh. *»Passt!« »Passt nicht!« »Passt!« »Passt nicht!«* Passt am Ende doch (Aschenputtel: *»Okay!«*), alle werden glücklich, der Prinz fragt: *»Willst du mich heiraten? Ich bin der Prinz! Ich bin so schön!«* (Aschenputtel: *»Okay!«*) und wir lachen Tränen und staunen viel und beschließen, sie alle ordentlich lieb zu haben, denn die *MS Rheinmelodie* behandelt uns ausgesucht freundlich und großzügig. Man weiß, dass wir für ein Buch recherchieren und hilft, wo immer es nötig ist.

Fürs Trinken wird auf dem Schiff ein Abonnement angeboten: Für eine bestimmte Summe gibt es so viel man will, ansonsten kostet jedes Glas extra. Wir abonnieren, natürlich. Abends an Deck mit tüchtig Rosé gleiten dann tagelang die Ufer an uns vorbei, wir gucken, staunen, erzählen, fotografieren, schreiben ins Notizbuch, noch ein Rosé, eine Zigarre, noch ein paar Geschichten, ach, komm, die Lichter am Ufer sind so schön, die Nacht ist so mild, ein Rosé geht noch … so ein Abonnement ist sehr praktisch. Man muss einfach nicht knauserig mitrechnen, das allein ist es doch schon wert.

… so viel man möchte

Die Mitreisenden sind in der Regel ältere Menschen, die sich einfach mal was Schönes gönnen wollen: eine Reise auf dem Rhein. Sie freuen sich darüber, dass wir ein Buch über den Rhein schreiben, wir fallen auf mit unseren Notizbüchern und Fotoapparaten, alle andern knipsen per Handy. Sie fragen uns immer wieder: *»Komm ich auch drin vor in Ihrem Buch?« »Nein«*, sagen wir, *»nur der Rhein«*. Aber eine muss jetzt vorkommen, eine liebenswerte alte Dame, die zum ersten Mal so eine luxuriöse Reise macht und mir im Vertrauen und ganz ergriffen zuraunt: *»Stellen Sie sich vor, die machen mir hier jeden Morgen das Bett!«* Ich versichere ihr, dass sie das tun, weil sie so nett ist. Ich bringe es nicht übers Herz, ihr zu verraten, dass alle Betten jeden Morgen gemacht werden. Sie fühlt sich wie eine Königin und behält ihr Geheimnis für sich.

Ab Basel, heißt es immer, ist der Rhein schiffbar. Was wir nicht wussten: dass erst mal eine Schleuse nach der andern passiert werden muss. Ich glaube, es waren insgesamt neun bis

Eine der vielen Schleusen auf dem Weg nach Straßburg

Straßburg – ein unendlich langweiliges Rauf und Runter in düsteren Becken mit vermoosten Wänden; jede Schleuserei dauert ungefähr eine halbe Stunde. Und was ich auch nicht wusste: wie sehr sich Deutsche und Franzosen hier unten um den Rhein zanken; er wird erst mal gestaut, dann umgeleitet in diesen *Canal d'Alsace*, der fließt auf französischem Boden und wird mit Industrieanlagen nur so zugkleistert. Der abgetrennte deutsche Rheinarm – erst nach rund fünfzig Kilometern bei Breisach kommen ja beide wieder zusammen – wird forst- und landwirtschaftlich genutzt und fließt eher mickrig dahin. Wir können alles vom Deck des Schiffes aus sehen oder aus unseren geräumigen Kabinen mit Panoramafenster. Durchsagen, per Gong angekündigt, weisen auf Besonderheiten am Ufer hin. Nein, eben nicht per Gong: Der Gong geht gleich zu Beginn kaputt, und bei jeder Durchsage melden sich die für die Unterhaltung an Bord zuständigen Crewmitglieder mit einem gesungenen Dreiklang: *»Ding-dong-dang«*. Man weiß sich hier zu helfen.

Wir werden ruhig. Ich werde sentimental, sehe dem Fließen zu, das meinen Kummer über so vieles mit sich nimmt, denke an Goethes schönes Gedicht *An den Mond*:

»Fließe, fließe, lieber Fluss!
Nimmer werd' ich froh;
so verrauschte Scherz und Kuss
Und die Treue so.«[27]

Eine Schiffsreise nimmt uns aus der Hand, was wir besichtigen und sehen müssen – wir sehen nur noch, was am Ufer ist oder was uns auf den relativ wenigen Landgängen gezeigt wird.

Das Schiff fährt uns einfach nur auf dem Fluss spazieren, wiegt uns, beruhigt Herz und Geist. Eine Flussfahrt ist etwas ganz Wunderbares, Sanftes, Leises. Vom Ufer sind Frösche zu hören.

Wir wissen, dass wir durch historisches Gelände fahren – hier also schlug Cäsar seine Schlachten, hier eroberten die Römer

27 Johann Wolfgang von Goethe, *An den Mond*

den Weg den Rhein hinab in den Norden, von hier aus unterwarfen sie sich alles Land bis Britannien – für ein halbes Jahrtausend. Sie haben den Rhein nicht geliebt und verklärt angeguckt wie wir – sie kamen schließlich nicht als Touristen, sie nutzten ihn militärisch. Kolonien, Garnisonen, Städte entstanden: Argentorate, Mogontiacum, Confluentes, Bonna, Colonia Claudia Ara Agrippinensium bis nach Noviomagus und Traiectum – Straßburg, Mainz, Koblenz, Bonn, Köln, Nijmegen und Utrecht. Die Straße der Römerlager reichte von den Alpen zum Meer und weiter, und erst als im 4. und 5. Jahrhundert die großen Völkerwanderungen begannen und die Germanen aus dem Osten vordrängten, die Alemannen aus dem Süden, als die Franken vom Norden über den Rhein kamen, da wurde die römische Macht Stück für Stück gebrochen, abgebaut – als letzte Stadt fiel 454 Köln. Adieu, ihr Römer, heute überfallen wir euch – als Touristen.

Folgende Doppelseite: Abendstimmung am Oberrhein

An Bord der *Rheinmelodie* herrscht ein strenges zeitliches Mahlzeitenregiment, man sitzt an fest zugewiesenen Tischen; unsere Mit-Esser sind freundliche Menschen aus dem ehemaligen Osten, die den Rhein kennenlernen wollen. Sie haben kaum Zeit dazu, denn nach dem Frühstück kommt das Mittagessen, dann Kaffee und Törtchen mit Marco an der elektrischen Heimorgel, *Besame mucho*, dann schon wieder Abendessen und Tanz mit Marco, *Girl from Ipanema*. Aber Ausflüge werden angeboten, der erste gleich in Straßburg, und bis dahin wie gesagt: Eine Schleuse nach der anderen, oft essen wir quasi im Dunkeln zwischen den muffigen Schleusenwänden, ehe es nach einer halben Stunde endlich wieder hoch ans Licht geht.

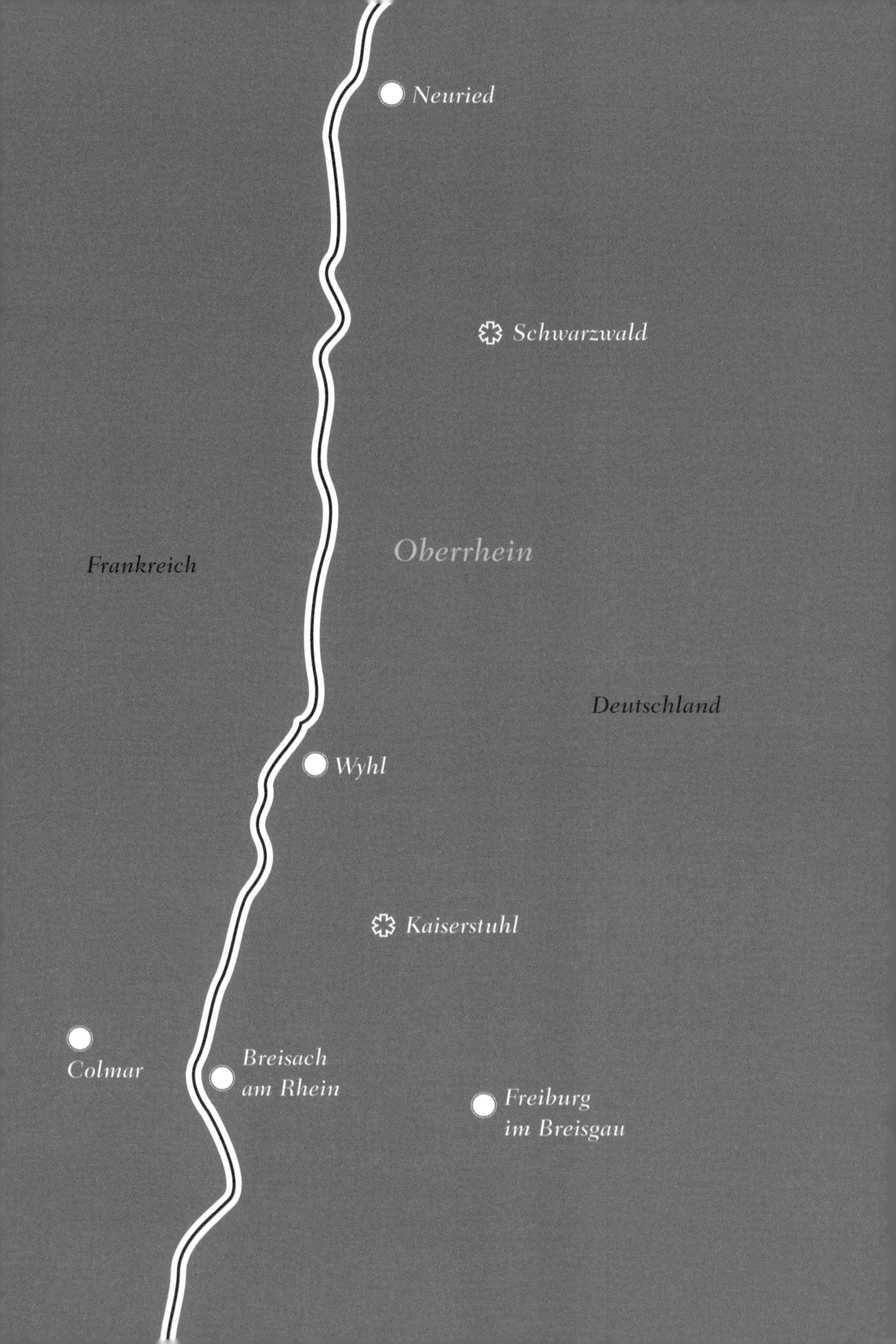
Neuried
Schwarzwald
Oberrhein
Frankreich
Deutschland
Wyhl
Kaiserstuhl
Colmar
Breisach
am Rhein
Freiburg
im Breisgau

Der Rhein kriegt ein Korsett

Jetzt müsste ich seitenlang über den badischen Ingenieur Oberst Johann Gottfried Tulla referieren, der im 19. Jahrhundert den Rhein auf eine Weise begradigt und umgeformt hat, dass er alles, wirklich alles veränderte: Flusslauf, Flusslänge, Tierwelt, Bepflanzung, Schifffahrt, Wasserdynamik – alles war sozusagen »im Fluss« und wurde von Tulla, zack, begradigt und geknebelt. Kahlschlag in den Auenwäldern, weg mit jahrtausendealten Wäldern, hunderttausend Hektar Wald waren das mal, heute sollen es noch knappe siebentausend sein. Doch erstens bin ich nicht die Volkshochschule und zweitens ist Tulla nicht allein an allem schuld, schon im Mittelalter wurde der schwarze Wald, die *silva nigra* abgeholzt, über den Rhein geflößt und das Holz zum Bau der Kriegsflotten benutzt. (Rotterdam, sagt man, stehe im Wasser und auf den Pfählen des alten Schwarzwaldes.) Und Tullas Absichten waren ohnehin die besten: Schluss mit Hochwasser und Sümpfen, Tulla packte an. »*In der Regel*«, schreibt er 1822, »*sollten in kultivierten Ländern die Bäche, Flüsse und Ströme Kanäle sein und die Leitung der Gewässer in der Gewalt der Bewohner stehen.*«[28]

Johann Gottfried Tulla, der große Rheinregulierer im 19. Jahrhundert

Jawoll: Kanäle! Alles schnurgerade! Die Natur sei gefälligst dem Menschen untertan! Also wird die Landschaft auch zumeist gegen die Natur umgebaut und nicht mit ihr. Die Folgen beginnen wir zu ahnen … Kein romantisches Gesäusel, aber die Romantik war ja zu Tullas Zeiten auch noch nicht so richtig im Gange. Tulla bändigte den immer noch wilden Rhein, begrenzte seine Breite zwischen Basel und Worms auf zweihundertfünfzig Meter, legte die Sümpfe trocken, um die Malaria zu besiegen (an der er letztlich selbst 1828 mit nur achtundfünfzig Jahren starb), er begradigte Kurven und Mäander, verkürzte so den Wildflusslauf

28 Johann Gottfried Tulla, *Die Rectification des Rheines*

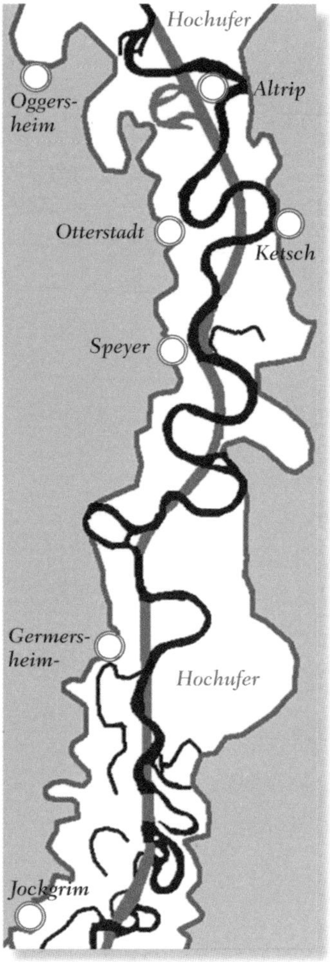

Rheinregulierung im 19. Jahrhundert

um etwa achtzig Kilometer, plante alles so genau, dass man auch nach seinem Tod weiterbauen konnte, und 1879 war die *Rectification*, die Korrektur des Oberrheins, abgeschlossen. Keine Überschwemmungen mehr, keine Malaria, erheblicher Landgewinn. Der Preis: Schön ist anders. Und es musste immer wieder nachkorrigiert werden, wandernde Kiesbänke mussten durch Buhnen befestigt werden, die Schifffahrt blieb heikel und ist es bis heute. Die Strömung ändert sich ständig, Kies und Geröll verändern die Fahrrinne, die Talfahrt verläuft anders als die Fahrt gegen die Strömung, hier ein Schiff zu lenken ist ein Präzisionsjob. Noch um 1800 brauchte man bei schlechtem Wind und Wetter Monate von Köln bis Mainz. Heute sind es Stunden. Aber das hier ist auch heute noch keine Sache für lustige Freizeitkapitäne auf netten Yachten – man muss sich auskennen oder der Lotse muss mit an Bord. Die Fahrtiefe veränderte und verändert sich dauernd, auch durch das Geröll, das der Rhein mitschleppt. Starker Niederschlag und Schneeschmelze in den Alpen haben Einfluss auf die Fließgeschwindigkeit, im Sommer macht Niedrigwasser die Reise riskant. Das Hochwasser schwillt seit den Begradigungen rascher an – früher brauchte es fünfundsechzig Stunden von Basel bis Karlsruhe, heute saust es da in dreißig Stunden durch. Es gibt kaum noch Überflutungsgebiete rechts und links, weil alles zu dicht am Ufer zugebaut wurde, also schwellen auch die Nebenflüsse enorm an. Und gab es früher alle zweihundert Jahre mal eine Hochwasserkatastrophe, so muss man jetzt etwa alle fünfzig Jahre mit dieser Gefahr rechnen, trotz all der Dämme, die gebaut wurden. Wenn der Rhein will, dann kann er auch. Immer noch. So ganz kommt man seinen Launen, seiner Kraft, den vielen Unwägbarkeiten durch Wetter, Niederschlag, Schneeschmelze, den Untiefen und Strömungen letztlich nie bei. Es bleibt spannend.

Ich denke an das letzte große Hochwasser in Köln Anfang der 90er-Jahre: Die Altstadtwirte waren verzweifelt, die Kneipen standen voller Wasser, aber die Kölner paddelten fröhlich in Bötchen durch die kleinen Gassen und tranken trotzdem ihr Kölsch, getreu den vielen wurschtigen Kölner Grundregeln: *Et es, wie et es; et kütt, wie et kütt; watt fott es, es fott; watt wells de mache; drinksde ejne met.*

Auf Hochdeutsch: Es ist, wie es ist; Es kommt, wie es kommt; Was weg ist, ist weg; Was willst du machen; Trink einen mit.

Hochwasser in der Kölner Altstadt

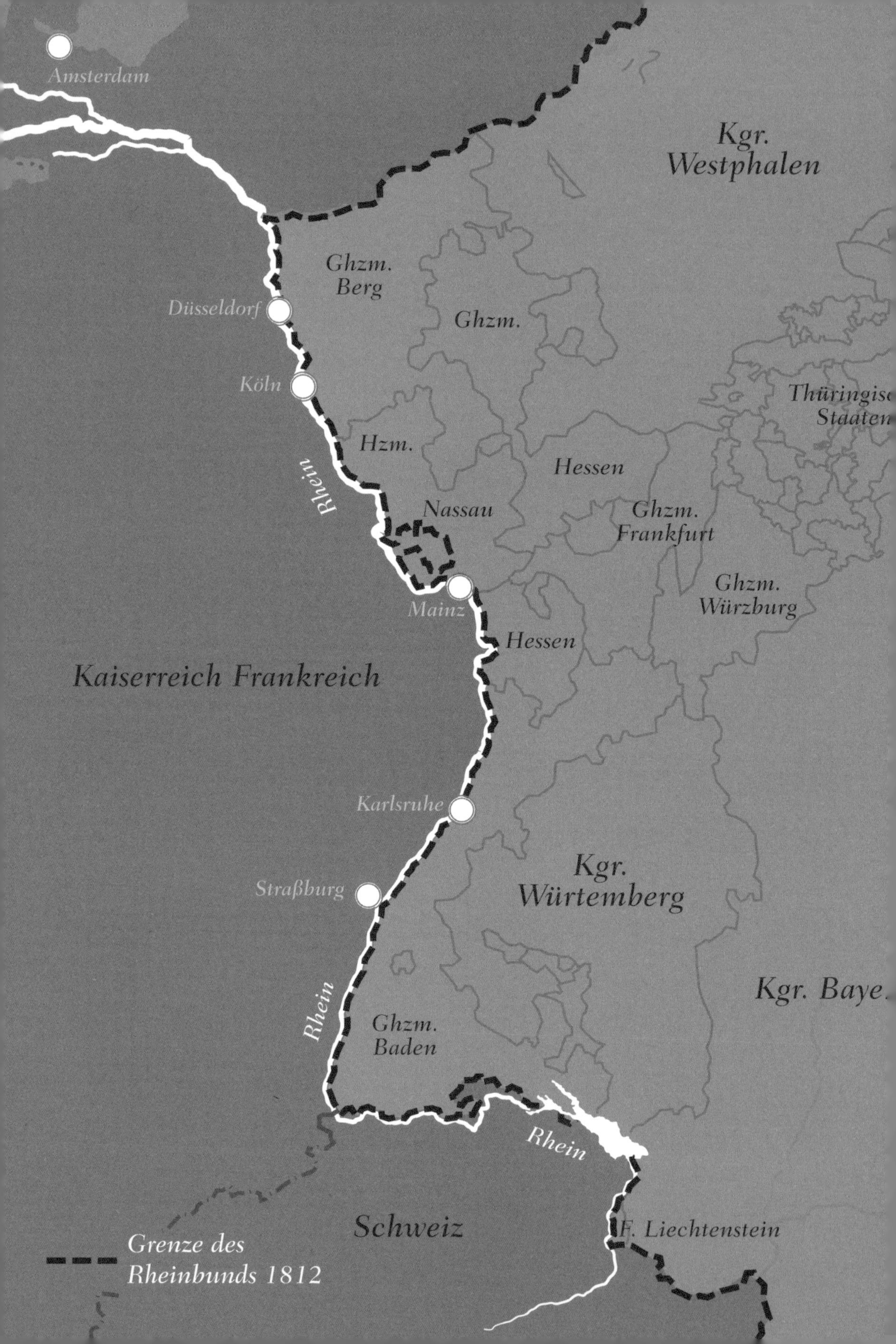
Amsterdam
Kgr. Westphalen
Ghzm. Berg
Düsseldorf
Ghzm.
Köln
Thüringis
Staaten
Hzm.
Rhein
Hessen
Nassau
Ghzm. Frankfurt
Ghzm. Würzburg
Mainz
Hessen
Kaiserreich Frankreich
Karlsruhe
Kgr. Würtemberg
Straßburg
Kgr. Baye
Rhein
Ghzm. Baden
Rhein
Schweiz
F. Liechtenstein
Grenze des Rheinbunds 1812

Der Rhein als Zankapfel

Die Geschichte des Rheins als Zankapfel zwischen Frankreich und Deutschland ist lang, verworren, verzwickt. In Kürze: Er fließt halt so, dass beide Länder sich immer wieder darum gestritten haben, wem er gehört und wessen Grenze er denn nun ist. Schon 1518 veröffentlichte ein Lothringer namens Jean Le Bon ein Pamphlet mit dem Titel *Le Rhin au Roi*, das heißt: Der Rhein gehört dem König. Dachte wohl Napoleon I. auch, und so kam auf seine Initiative 1806 der Rheinbund zusammen, deutsche Fürsten sagten sich formell vom Heiligen Römischen Reich Deutscher Nation los und schlossen sich in einer Konföderation und Militärallianz mit Frankreich zusammen. Der Rhein wurde sehr französisch, der Rheinbund scheiterte aber und löste sich 1813 wieder auf, beim Wiener Kongress wurde die Rheinprovinz preußisch. Und damit war erst mal Schluss mit dem französischen Einfluss auf den Rhein – bis 1840, da verlangten die Franzosen, der Rhein solle ihre Ostgrenze sein. Das brachte die Deutschen auf die Palme und provozierte allerlei nationalistisches Getöse, unter anderem das mehrstrophige *Rheinlied* von Nikolaus Becker aus Bonn, in dem gefordert wird:

> *»Sie sollen ihn nicht haben,*
> *den freien deutschen Rhein,*
> *ob sie wie gier'ge Raben sich*
> *heiser darnach schrei'n« –*[29]

Sie, damit waren natürlich die Franzosen gemeint. Und so lange sollen sie ihn verdammt noch mal nicht haben, diesen freien deutschen Rhein, *»bis seine Flut begraben / des letzten Manns Gebein.«*

Napoleon Bonaparte
Gemälde von
Jean Luc David, 1812

Student und junge
Frauen beim Wein
am Ufer des Rheins,
kolorierte Postkarte
um 1910

29 Nikolaus Becker, *Rheinlied*

Der Rein im Lied
Titelblatt eines Notenbuches

Eine eindeutige Kampfansage. Alfred de Musset antwortete aus Frankreich postwendend und wütend auf Beckers Pampigkeit mit sechs Strophen, ich zitiere die dritte und die letzte:

»Wir haben ihn gehabt, den deutschen Rhein.
Wo waren die Germanensitten,
als über eure Länderein
des mächtgen Kaisers Schatten glitten?
Wo liegt denn eingesargt des letzten Manns Gebein?

Laßt friedlich fließen euren deutschen Rhein;
Er spiegele geruhsam wider
Der Dome gotisches Gestein;
Doch hütet euch, durch trunkne Lieder
Von ihrem blutgen Schlaf die Toten zu befrein.«[30]

Auch Heinrich Heine reagierte natürlich auf so viel Nationalismus sofort bissig und ließ seinen Vater Rhein in *Deutschland. Ein Wintermärchen* sagen:

»Zu Biberich hab' ich Steine verschluckt,
wahrhaftig, sie schmeckten nicht lecker!
Doch schwerer liegen im Magen mir
Die Verse von Niklas Becker.«[31]

Aber Becker kriegte trotzdem in Geilenkirchen-Hünshoven, wo er 1845 starb, eine schöne Gedenktafel an der Pfarrkirche.

Ebenfalls zu dieser Zeit, 1840, schrieb Max Schneckenburger aus Tuttlingen seine berühmte *Wacht am Rhein*, die aber erst zum durchschlagenden Nationallied wurde, als die Franzosen 1870, also dreißig Jahre später, wieder im Krieg mit Deutschland nach dem linken Rheinufer griffen. Er bekam zwar keine Gedenktafel, dafür empfingen seine Witwe und seine beiden Söhne aber eine Jahrespension von dreitausend Mark, gezahlt vom Reichskanzleramt.

30 Alfred de Musset, *Der deutsche Rhein*
31 Heinrich Heine, *Deutschland. Ein Wintermärchen*

»Es braust ein Ruf wie Donnerhall,
wie Schwertgeklirr und Wogenprall:
Zum Rhein, zum Rhein, zum deutschen Rhein!
Wer will des Stromes Hüter sein?
Lieb Vaterland, magst ruhig sein,
fest steht und treu die Wacht am Rhein.«[32]

Niederwald-Denkmal
Historische Darstellung um 1890

Dann ist doch alles gut! Fünf der sechs martialischen Strophen sind in den Sockel des Niederwalddenkmals gemeißelt, einer gigantischen Germania, die auf einem Berg oberhalb von Rüdesheim als Werk militärischer Überheblichkeit nach Frankreich hinüber droht – die Nationaldamen Marianne und Germania lagen immer schon ordentlich im Clinch miteinander, aber natürlich ist das alles Geschichte, seit Kohl und Mitterrand Händchen gehalten haben und Merkel und Macron Küsschen austauschen. Sei beruhigt, du deutsches Volk!

»Und ob mein Herz im Tode bricht,
wirst du doch drum ein Welscher nicht.
Reich wie an Wasser deine Flut
ist Deutschland ja an Heldenblut!«[33]

32 Max Schneckenburger, *Die Wacht am Rhein*
33 Ebd.

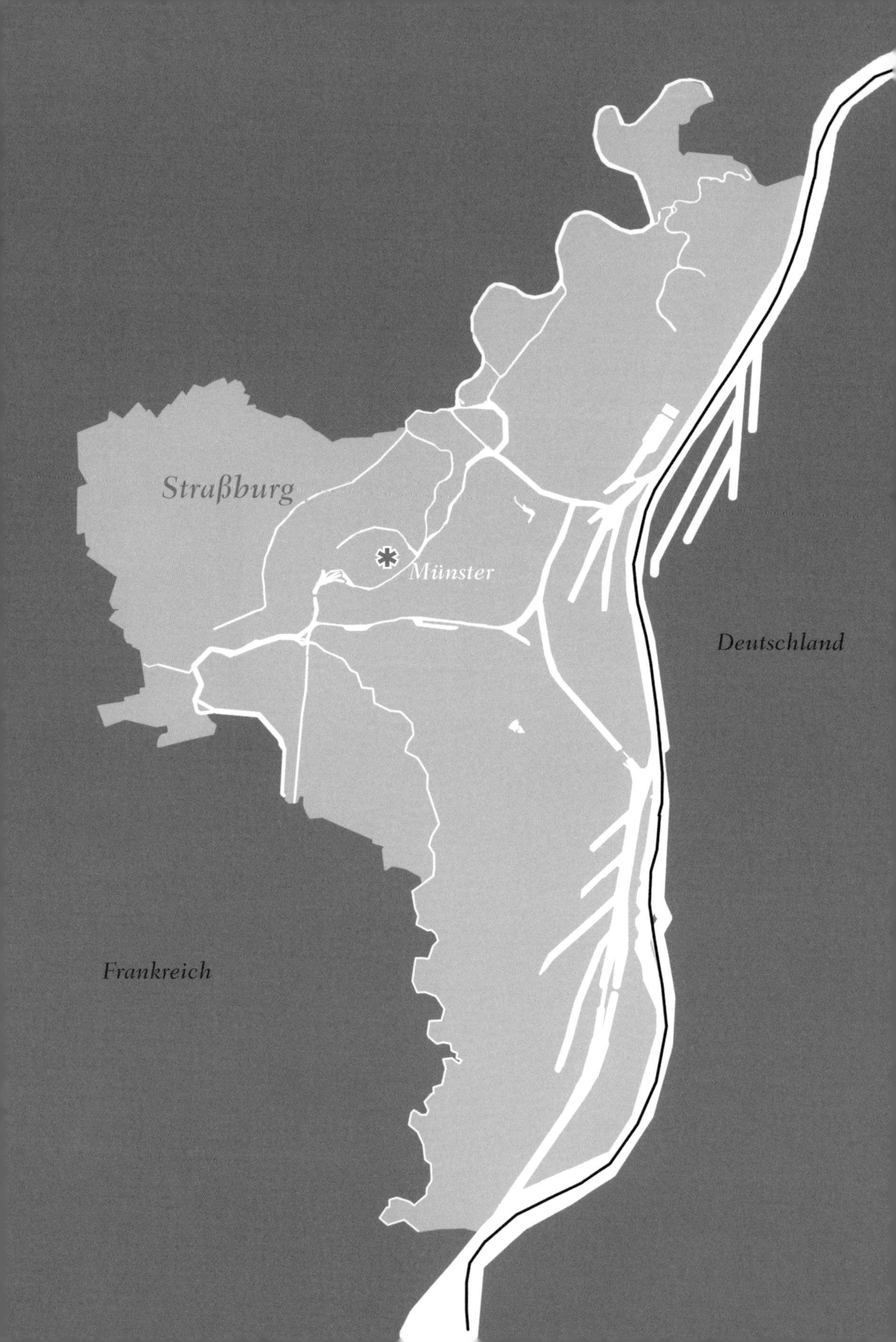
Straßburg
Münster
Deutschland
Frankreich

Straßburg

Zur Germania kommen wir noch, jetzt geht es erst mal nach Straßburg, der Hauptstadt von Elsass-Lothringen – nein, seit François Hollande wurden aus zweiundzwanzig Départements dreizehn, und diese Gegend hier heißt jetzt seit Januar 2016 Grand Est, dazu gehören Elsass, Champagne-Ardenne und Lothringen.

Die Luft wird unangenehm: Ach ja, da liegt bei Rheinkilometer 287,5 die Müllverbrennungsanlage, die jährlich 250 000 Tonnen schafft, bei Kilometer 292 gibt es Cellulose, bei Kilometer 296 einen Ölhafen mit Raffinerien, den Industriehafen Kehl auf der deutschen Rheinseite nicht zu vergessen, und besonders eindrucksvoll: der *Kalimandscharo*, die Abraumhalde der oberelsässischen Kaligruben. Kurzum: Die Gegend ist verhunzt.

Blick auf das Viertel *La Petite France*

Aber Straßburg – im Ersten und im Zweiten Weltkrieg von Deutschen schwer attackiert und annektiert, im Versailler Vertrag von 1919 wieder Frankreich zugesprochen, im November 1944 kaputt gebombt, von US-Truppen befreit und wieder französisch geworden –, Straßburg, bei Rheinkilometer 294 gelegen, ist schön. Sie haben es wieder hingekriegt. Und: Straßburg ist eine junge Stadt – 36 % der Einwohner sind unter sechsundzwanzig Jahren alt.

Die historische Altstadt mit beeindruckenden Fachwerkhäusern aus dem 16. und 17. Jahrhundert ist seit 1988 Weltkulturerbe, das Gerberviertel (*Quartier des Tanneurs*), früher das finstere Viertel der Fischer, Müller und Gerber, ist einzigartig malerisch im Stadtteil *La Petite France* am Ufer der Ill gelegen. Es gibt viele kleine Brücken über Fluss und Kanäle, man kann bequem von hier durch nette Gassen zum Münster gehen. Früher nicht: Da wurden die Ganoven durch Fallgitter auf den Brücken daran gehindert, nachts in die Stadt zu gelangen und irgendeine Art von Unwesen zu treiben.

Straßburg, das die Römer *Argentorate* tauften, boomt und blüht. Es liegt nur mit den östlichen Stadtteilen und dem Hafen direkt am Rhein, gegenüber vom deutschen Kehl, durch eine Brücke verbunden. Eigentlich liegt Straßburg an der Ill, die die Altstadt umfließt. Die Preußen haben der Stadt einiges an Prunkbauten und Denkmälern hinterlassen: den Bahnhof, die Kunsthochschule, den Justizpalast, die Oper, die Universität mit Bibliothek und Sternwarte. Der Preußenprotz gehört seit 2017 nun aber auch zum Weltkulturerbe, und es sieht schon sehr komisch aus, wie neben alten putzigen Häusern und eleganter Renaissance hier und da Preußen klotzig auftrumpft. Wo sich der eitel-elegante gallische Hahn und der derbe preußische Adler trafen, hat es ja nie so ganz zusammengepasst und meistens ordentlich gekracht.

Das Liebfrauenmünster zu Straßburg

Das Münster, das alle großen Europareisenden ausführlich beschrieben haben, heißt Liebfrauenmünster, auf Französisch korrekt *Cathédrale Notre-Dame de Strasbourg* und war bis 1874 mit seinem einhundertzweiundvierzig Meter hohen Turm das höchste Bauwerk der Welt. Er ist noch heute imposant anzusehen, während der achthundertdreißig Meter hohe *Burj Khalifa* in Dubai doch irgendwie komplett an uns vorbeigeht. Das sind einfach, salopp gesagt, siebenhundert Meter zu viel für mich.

Der Bau des Liebfrauenmünsters wurde im 12. Jahrhundert begonnen und im 15. vollendet. Einer der Baumeister war Erwin von Steinbach, der natürlich die Vollendung des Baus nicht miterlebte – er starb 1318, sein Sohn Johannes setzte das Werk aber fort. Am Südportal des Münsters kann man Erwin von Steinbach nachdenklich stehen sehen.

Der Kulturhistoriker Jakob Burckhardt stellt ihn gar auf eine Stufe mit Michelangelo! Seine großartige Kirche zeigt romanische und gotische Einflüsse und ist rot, gebaut aus dem Sandstein der Vogesen und innen breit und still – besonders nach dem Getümmel auf dem belebten Platz direkt davor, einem der schönsten Stadtplätze, die ich kenne. Uralte viergeschossige Fachwerkhäuser, sorgsam renoviert, lassen ahnen, wie es in früheren Jahrhunderten hier aussah. Im Kirchturm hängen sechzehn Glocken, die, sagt man, das schönste Geläute in ganz Europa zustande bringen – ich habe es leider noch nie gehört. Die Totenglocke stammt noch von 1427. Und die will ich nun lieber nicht hören.

Am 14. Februar 1349 fand hier ein großes Judenpogrom statt, wegen des Datums *Valentinsmassaker* genannt. Erst im 19. Jahrhundert siedelten sich wieder Juden in Straßburg an, und dann kam der Führer, ließ sie erneut vertreiben und umbringen und wollte aus dem Münster, das er 1940 besuchte, ein *Nationalheiligtum des deutschen Volkes* machen. Meine Generation tut sich auch deshalb immer noch schwer mit Begriffen wie *national* und *Vaterland*, selbst gehisste Fahnen und Nationalhymnen bereiten mir Unbehagen.

Der Prediger und Mystiker Meister Eckhart, der wegen Häresie verbrannt werden sollte – Köln hatte schon ein Inquisitionsverfahren gegen ihn eingeleitet, aber er starb ihnen vorher weg – hat hier in Straßburg, wo er Generalvikar am Dominikanerkloster war, das deutsche Wort *Wirklichkeit* erfunden, das es zuvor nicht gab – in keiner Sprache.

Meister Eckhart (r.)

Unsere Wirklichkeit: In Straßburg in der Sonne direkt hinter dem Münster zu sitzen und einen Wein zu trinken. Das ist weder deutsch noch französisch, sondern einfach nur: schön. (Obwohl: Hier gilt leider unser Schiffs-Getränke-Abo nicht!)

Uns tun die Füße weh vom vielen Rumlaufen durch Straßburg. Jetzt könnten wir den Schutzheiligen dieser Stadt gut brauchen, den heiligen Arbogast, der hier 618 starb, übers Wasser gehen konnte und zuständig ist für Fußleiden, Müdigkeit und Niedergeschlagenheit.

Der Bus, der uns vom Schiff hergefahren hat, bringt uns in einen besonderen Stadtteil: Störche brüten eine ganze Platanen-Allee entlang auf jedem Baum. Sowas habe ich noch nie gesehen, ich gerate ja schon aus dem Häuschen, wenn ich in Holland hoch oben auf einem Turm mal ein Storchennest sehe. Und hier: eins am andern. Ich lese nach, dass Mitte der 70er-Jahre die

Störche im Elsass fast ausgestorben und auf nur noch neun Paare geschrumpft waren, woraufhin man mit Maßnahmen zur Wiederansiedlung begonnen hat – wer hätte denn auch um Himmels willen sonst im Elsass die Kinder bringen sollen? Heute gibt es Hunderte von Storchenpaaren, und rund fünfzig davon siedeln in dieser einen Straße, in der sich die Bewohner aber schon wieder mehr darüber aufregen, als sich zu freuen: Die klappern zu laut, die scheißen auf Fenster, Fassaden und Autos und dann kommen Idioten wie wir mit dem Bus und gucken sich das alles auch noch an. Ja: schnöde, böse Welt. Uns haben sie enorm gefallen, diese lustigen Langbeiner, mit ihren Schnäbeln klappernd da oben in den Bäumen. Der Elsässer Schriftsteller und Theatermann Roger Siffer sagt: Aus der Liaison zwischen dem preußischen Adler und dem gallischen Hahn ging der Elsässer Storch hervor. So gesehen: der Storch mal selbst als Kind der Liebe und nicht als Kinderbringer. Auch schön.

Der Orangerie-Park in Straßburg ist auch ein Park der Störche

Gegenüber: Detail von der Fassade des Liebfrauenmünsters

Folgende Doppelseite: Im Herzen Straßburgs liegt das romantische Gerberviertel

Europa hat eine Menge Institutionen hier angesiedelt – Europarat, Europäisches Parlament, Europäischer Gerichtshof für Menschenrechte, das bringt Leben und Betrieb und auch Geld in die Stadt. 25 % des Stadthaushaltes, sagt man uns, fließen in die Kultur. Da muss doch jeder Kölner bitterlich weinen. Aber Köln ist dabei, zu vergessen, was das eigentlich ist: Kultur. Neulich sprach ich mit einer Grünen-Abgeordneten. »*Kultur*«, sagte sie, »*die subventioniert wird, brauchen wir eigentlich nicht, rausgeworfenes Geld.*« Na dann.

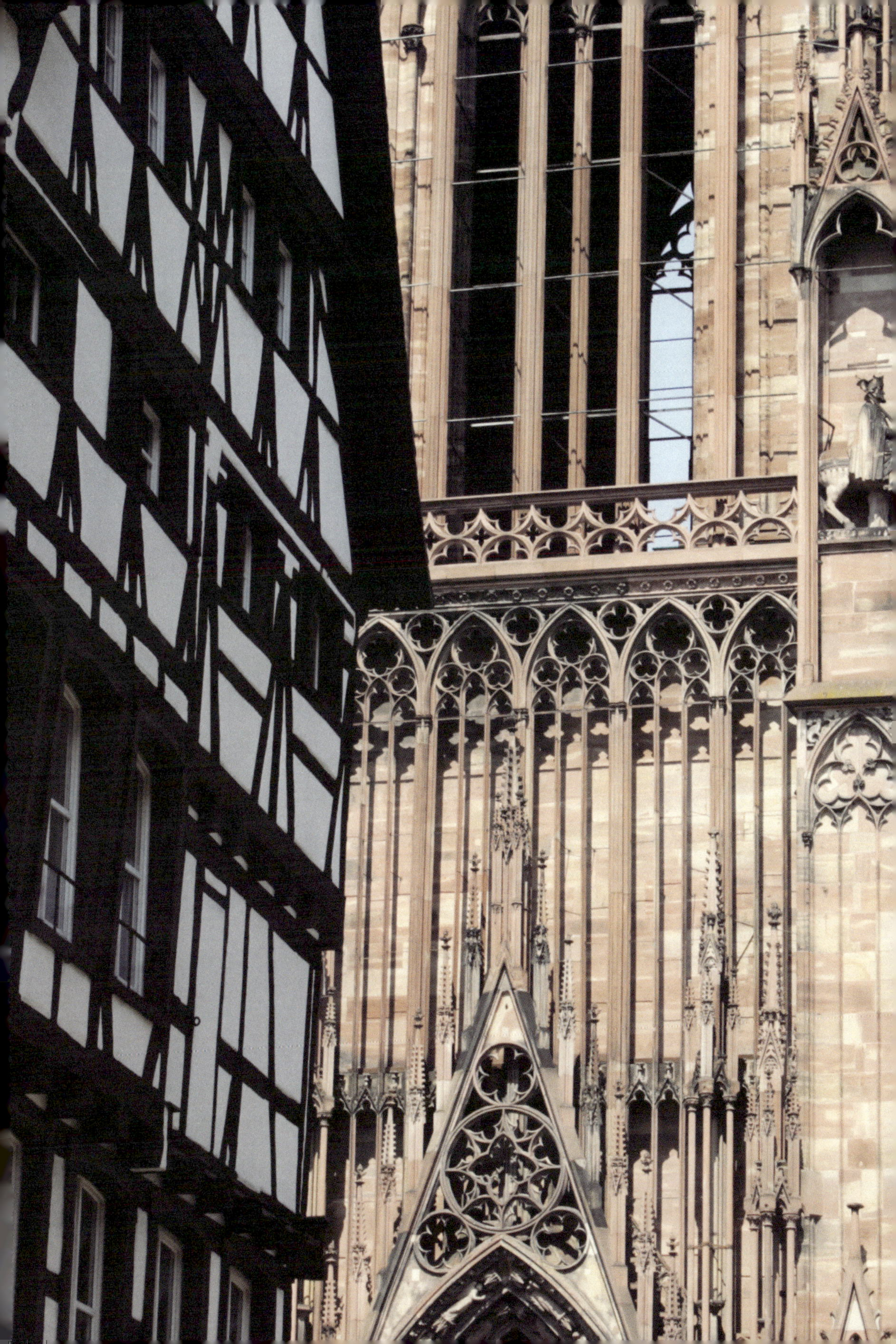

Petite France

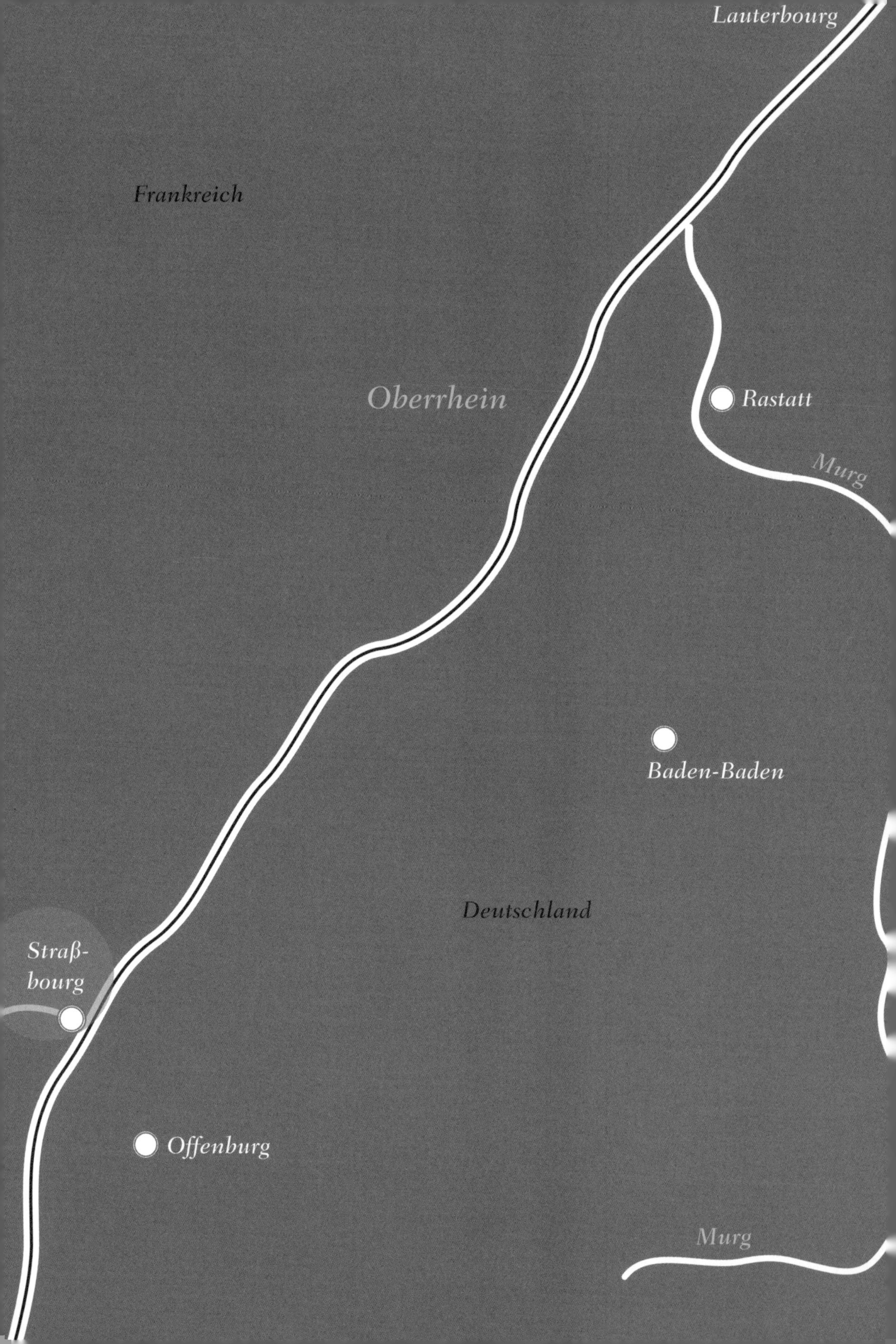

Lauterbourg
Frankreich
Oberrhein
Rastatt
Murg
Baden-Baden
Deutschland
Straß-
bourg
Offenburg
Murg

Das Rheingold

Nun muss aber mal vom legendären Rheingold geredet werden. Kelten, Römer, Germanen – sie alle wuschen schon Gold aus Rheinsand. Es gibt aber zum Rheingold viele Geschichten. Die eine stammt aus dem Nibelungenlied, einem Heldenepos aus dem 13. Jahrhundert, im 19. Jahrhundert von Karl Simrock wiederentdeckt und übersetzt. In neununddreißig *»aventiuren«*, Abenteuern, wird hier vom Helden Siegfried erzählt, der aus Xanten am Rhein nach Worms am Rhein zieht, an den Hof der Burgunden, dort Kriemhild heiratet, einen riesigen Schatz – den Hort der Nibelungen – mitbringt, von Hagen ermordet wird, und dann versenkt eben dieser Hagen den Schatz im Rhein, damit ihn die Witwe Kriemhild nicht nimmt, um sich an den Mördern ihres Siegfried zu rächen. Das waren, sagt die Mär, einhundertvierundvierzig Wagenladungen Gold, die – das darf man nicht vergessen – ursprünglich aus dem Rhein stammten und den Nibelungen geraubt wurden. Das hat keiner schöner ausgeschmückt und in Text und Musik erzählt als Richard Wagner in seinem vierteiligen Opernzyklus *Der Ring des Nibelungen*. Da baut Gott Wotan sein Schloss Walhall und kann es nicht bezahlen, raubt also dem Zwergen- und Bergvolk der Nibelungen tief in der Erde das Rheingold (die haben es ihrerseits den Rheintöchtern geklaut!), zahlt damit und alles geht schief bis zum Weltuntergang.

Hagen versenkt den Nibelungenschatz im Rhein

Schon frühe Schriften aus den ersten Jahrhunderten nach Christi Geburt sprechen vom Rhein als dem *Goldreichen*, erzählen von Goldwäscherei. Man wusste, dass der Rheinsand Gold enthielt, sogar Münzen konnten daraus geprägt werden, auf denen stand: »*Aus Rheinsand*«. Schürfrechte wurden von den Landesfürsten verpachtet, und noch 1838 soll es an die vierhundert Goldwäscher in Baden gegeben haben. *»Von 1804 bis 1834 wur-*

den 145,5 Kilogramm Gold an die Münze in Karlsruhe abgeliefert«, Tümmers zitiert das nach den *Badischen Neuesten Nachrichten*.

In neun Arbeitsstunden mussten vier Tonnen Sand gewaschen werden, um ein Gramm Gold zu kriegen – es gibt angenehmere Arten, reich zu werden. Der letzte Goldwäscher war Johann Ganninger, der bei Speyer am Rhein wusch und suchte, da wo jetzt Helmut Kohl liegt, der uns den Euro brachte. So hängt doch immer alles irgendwie schön zusammen.

Das Goldwaschen bei Carlsruhe
Radierung von Johann Michael Volz, um 1825 (Ausschnitt)

Tulla ist mit daran schuld, dass kein Gold mehr gefunden wird im Rhein – er fließt heute zu schnell, zu gerade, und so kleine Flitterchen, winzige Goldplättchen, lagern sich nicht mehr ab.

Eine zweite Rheingoldgeschichte ist die der römischen Schätze, die zum Teil noch auf dem Grund liegen. Immer wieder werden Münzen, Metallobjekte, Becher, Schmuck und andere wertvolle Funde gehoben, die die Museen füllen und davon erzählen, was alles auf dem Rhein transportiert wurde – Alltagsgegenstände und Luxuswaren, Schmuck und Kriegsgerät, Kunstwerke, Märchen, Mythen und ach, einfach: Geschichte. Das ist unser Rheingold heute.

Im letzten Teil von Wagners *Ring*, in der *Götterdämmerung*, gibt die Walküre Brünnhilde den Rheintöchtern Wellgunde, Floßhilde und Woglinde (auch mal sehr schöne Namen statt immer nur Laura, Chantal oder Jessica!) das ihnen erst vom Nibelung Alberich und dann von Gott Wotan geraubte Rheingold zurück, darunter vor allem den aus dem Gold des Rheins geschmiedeten Ring, der dem, der ihn trägt, die Herrschaft über die Welt verspricht – dafür muss er aber der Liebe entsagen. Aus dieser Gier nach Macht ohne Liebe entsteht das ganze Elend, in dem am Ende die Welt versinkt – um dann doch durch eine mächtige, liebende Seele wie Brünnhilde eine neue Chance zu bekommen. Also, Finger weg vom Rheingold.

»Rheingold! Rheingold!
Reines Gold!
O leuchtete noch
In der Tiefe dein lautrer Tand!

Traulich und treu
Ist's nur in der Tiefe:
Falsch und feig
Ist, was dort oben sich freut.«[34]

In meinem alten Kommersbuch, einem Studentenliederbuch von 1858, fand ich auch ein Lied von Heinrich Dippel, da geht es um ein Rheingold ganz besonderer Prägung:

Das Herz am Rhein

»Es liegt eine Krone im grünen Rhein,
gezaubert von Gold und von Edelstein,
und wer sie erhebt aus tiefem Grund,
den krönt man zu Aachen in selbiger Stund';
vom Belt bis zur Donau die Lande sind sein,
dem Kaiser der Zukunft,
dem Fürsten am Rhein.

Die Rheintöchter umtanzen ihr Rheingold
Aquarell von Hans Thoma, 1889

Es liegt eine Leier im grünen Rhein,
gezaubert von Gold und von Elfenbein,
und wer sie erhebt aus tiefem Grund,
dem strömen die Lieder begeisternd vom Mund.
Der Kranz der Unsterblichkeit wartet sein,
des Sängers der Zukunft, des Sängers am Rhein.

Ich weiß wo ein Häuschen am grünen Rhein,
umrankt von Rebland die Fensterlein,
drin waltet ein Herz so engelgleich,
an Gold so arm, doch an Tugend so reich.
Gehörte dies Herz an dem Rheine mir,
ich gäbe die Krone, die Leier dafür!«[35]

Jetzt wissen wir, was wirklich das Rheingold ist: das goldene rheinische Herz der goldigen rheinischen Mädchen. Nichts geht darüber, nicht Kaiserkrone, nicht Leier.

34 Richard Wagner, *Rheingold*
35 Heinrich Dippel, *Das Herz am Rhein*

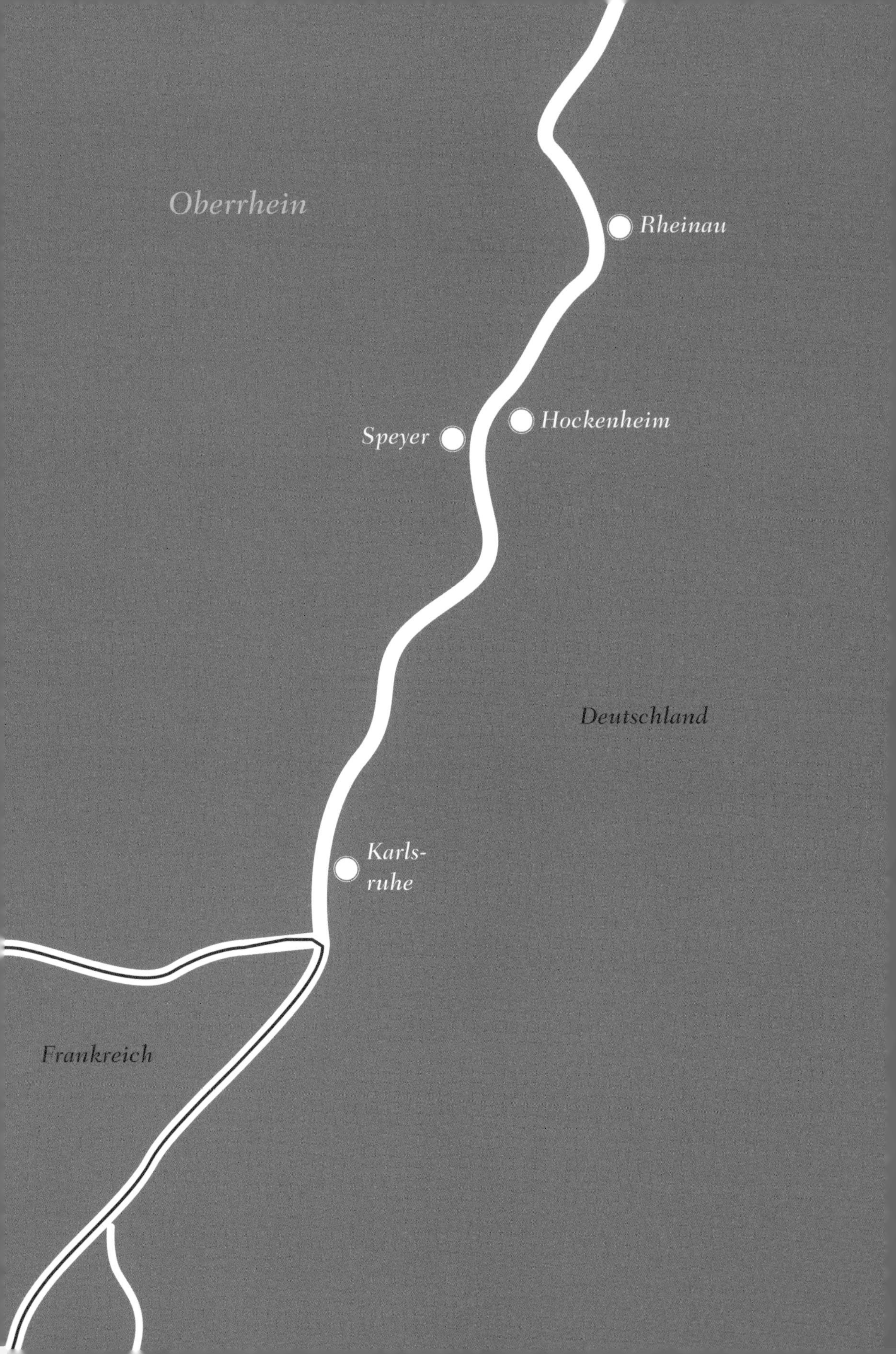
Oberrhein
Rheinau
Hockenheim
Speyer
Deutschland
Karls-
ruhe
Frankreich

Seele und Charakter

Der Rhein – hatten wir vergnügt beschlossen, wir zwei erprobten Reisenden –, lass uns doch ein Buch über den Rhein machen! Was für eine Freude, so einen Fluss abzuwandern, an ihm zu laufen, ihn per Schiff zu *er*fahren … Aber jetzt, beim Schreiben, beim Sammeln der Eindrücke und der Berge von Fotos und Informationen überwältigt uns oft Mutlosigkeit: Was wir gesehen, notiert, fotografiert haben, ist das eine. Das andere sind Tausende von Jahren – so viel Geschichte, so viele Geschichten, wo fängt man an, was ist unverzichtbar, was können wir getrost weglassen?

Plakat zur Ausstellung in der Bundeskunsthalle

Eine wunderbare Ausstellung über den Rhein in der Bundeskunsthalle in Bonn 2016 half sich mit Einteilungen wie *»Strom der Römer«*, *»Strom der Kirche«*, *»Strom der Kaiser«* oder *»Strom der Händler«*. Ja: All das war und ist er. Außerdem: *»Vater Rhein«*, *»Wacht am Rhein«* und *»Europa am Rhein«*. Schon diese Kapitel lassen die Vielfalt des Themas erahnen, aber wir saßen an Deck der *Rheinmelodie* bei unserem täglichen Rosé und versuchten zu erfassen, was von all dem sich uns Reisenden heute noch vermittelt und welcher Eindruck für uns unmittelbar bleibt. Noch der, den Friedrich Schlegel 1803 beschrieben hat?

»Nirgends werden die Erinnerungen an das, was die Deutschen einst waren und was sie sein könnten, so wach, als am Rhein. Der Anblick dieses königlichen Stromes muss jedes deutsche Herz mit Wehmut erfüllen. Wie er mit Riesenkraft in ungeheurem Sturz herabfällt, dann mächtig seine breiten Wogen durch die fruchtreichsten Niederungen wälzt, um sich endlich in das flachere Land zu verlieren; so ist er das nur zu treue Bild unseres Vaterlandes, unsrer Geschichte und unseres Charakters.«[36]

36 Friedrich Schlegel, *Europa. Eine Zeitschrift*

Wieso ist der Rhein ein Bild unseres Charakters? Weil er es immer wieder »trotzdem« schafft? Weil Vater Rhein fleißig, zuverlässig, gewissenhaft seine Arbeit im deutschen Transportwesen erfüllt und trotzdem eine romantische Seele hat? Ist das nicht verhängnisvoll, dieses Nebeneinander von preußischer Disziplin und dann Schwachwerden, wenn ein blondes Fräulein namens Loreley sich auf einem Felsen kämmt? »*Vater Rhein*« nennen wir ihn. Warum eigentlich? Sind wir einer Vaterfigur bedürftig? (In der Schweiz habe ich mal gehört, dass sie den Rhein nicht Vater, sondern *Talvogt* nennen!)

Der Dadaist Kurt Schwitters hat sich 1927 über Vater Rhein schön lustig gemacht:

Selbstbildnis von Kurt Schwitters

»Eigentlich ist der Vater Rhein gar kein Vater, sondern ein Fluss. Auf dem Rückgrat dieses Vaters, oder längs seiner Bauchlinie, oder wie Sie wollen, da fahren Dampfer. Quer über den Vater führen Brücken, teils für den Fuß- und Wagenverkehr, teils für die Eisenbahn. Man kann den Bahnkörper befahren, wie etwa den Körper des Vaters Rhein. Der Vater liegt, wie alle Flüsse, in seinem Bett. Das Bett besteht teilweise aus flachem Ufer, teilweise aus Bergrücken, die wiederum teilweise mit Wein, teilweise mit Burgen bepflanzt sind.«[37]

Und er kommentiert auch ironisch den Streit darum, ob Vater Rhein nun Deutschlands Strom oder Grenze sei: *»Ein Vater kann schlecht eine Grenze sein, dann eher schon ein Strom. Ich bin ja selbst Vater gewesen.«*

Der französische Architekt Hippolyte Durand schrieb 1865:

»Ein unendlicher Zauber begleitet den Reisenden in diesen Gauen … Man muss nicht Deutscher sein, um die Traurigkeit, die Schönheit, die Schwermut gewaltig zu fühlen, aber man begreift leicht die schwärmerische Liebe, die diese Ufer im Herzen eines Deutschen erwecken, dessen Geburtsland sie sind.«[38]

Wir erleben den Rhein eher als einen sehr geschäftigen Fluss, die Karnevalisten sehen das anders: Es ist und bleibt der Vater Rhein.

37 Kurt Schwitters, *Vater Rhein*
38 *Der Rhein in Mythen, Märchen und Erzählungen*

Das Bild *Vater Rhein* von Max Ernst zeigt den Flussgott in poetischen Farben, 1953

»Ich hab den Vater Rhein in seinem Bett gesehen
ja der hat's wunderschön,
der braucht nie aufzustehen.

Und rechts und links vom Bett
da steht der beste Wein
ach wäre ich doch nur der alte Vater Rhein!

Ich hatte was getrunken,
es war wohl ein sehr guter Wein.
Denn ich bin umgesunken
und unten am Rhein schlief ich ein.

Da lag ich, und plötzlich
ja wen sah ich da?
Ich rieb mir die Augen,
wisst ihr wen ich sah?«[39]

Ja, wir wissen es: den Vater Rhein in seinem Bett. Heinz Korn hat das gedichtet, Toni Steingass komponiert, Kurt Adolf Thelen 1960 gesungen, wunder-wunderschön, ja. Da ist sie, die deutsche Seele.

»Die deutsche Seele«, schreibt Friedrich Nietzsche, *»hat Gänge und Zwischengänge in sich, es gibt in ihr Höhlen, Verstecke, Burgverliese; ihre Unordnung hat viel vom Reize des Geheimnisvollen; der Deutsche versteht sich auf die Schleichwege zum Chaos.«*[40]

Vater Rhein als Brunnenfigur im Hortus Palatinus um 1614

Mit Burgverliesen, Höhlen und Chaos sind wir ja am Rhein richtig. Sogar dem Rhein selbst wird Seele zugewiesen: Der Extremsportler Ernst Bromeis, der 2014 den Fluss in fünfundvierzig Tagen von der Quelle bis zur Mündung durchschwamm (Nicht nachmachen! Ist gefährlich und man braucht jede Menge Sondergenehmigungen), sagte, nachdem er aus dem Wasser stieg: *»Der Rhein fließt seit Jahrtausenden. Er hat eine eigene Seele.«*

Wir staunen: Die Seele, dachten wir, ist an einen Leib gebunden, das Stoffliche und das Nichtstoffliche gehören zusammen,

39 Heinz Korn, *Ich hab' den Vater Rhein in seinem Bett geseh'n.*
40 Friedrich Nietzsche, *Jenseits von Gut und Böse*

Leib und Seele – und der Rhein ... Ach, er ist der Vater Rhein, warum soll der Vater denn keine Seele haben, das lassen wir jetzt einfach mal so stehen und grübeln lieber darüber, wie Bromeis wohl in der winzigen handbreiten Quelle geschwommen sein mag, die wir da oben in den Alpen gesehen haben?

Die deutsche Seele – sie hat viel mit dem Rhein zu tun, an dem sich eine solche Menge an Mythen und Märchen, Sagen, Geschichten, Kämpfen, Kriegen, Kirchen, so viel Handel, Aufschwung und Niedergang festmachen lassen. Heinrich Böll, unser Literaturnobelpreisträger aus Köln, beginnt seine Erzählung *Undines gewaltiger Vater* so:

»Ich bin bereit, dem Rhein alles zu glauben, nur seine sommerliche Heiterkeit habe ich ihm nie glauben können; ich habe diese Heiterkeit gesucht, aber nie gefunden; vielleicht ist es ein Augenfehler oder ein Gemütsfehler, der mich hinderte, diese Heiterkeit zu entdecken. Mein Rhein ist dunkel und schwermütig, ist zu sehr Fluss händlerischer Schläue, als dass ich ihm sein sommerliches Jünglingsgesicht glauben könnte.

Ich bin mit den weißen Schiffen gefahren, über die Rheinhöhen gegangen, mit dem Fahrrad von Mainz bis Köln, von Rüdesheim bis Deutz, von Köln bis Xanten gefahren, im Herbst, im Frühjahr und im Sommer, ich habe während des Winters in kleinen Hotels gewohnt, die nahe am Fluss lagen, und mein Rhein war nie der Sommer-Rhein.«

Eisschollen treiben auf dem Rhein, um 1950

Und weiter beschreibt er die Nebel im Herbst, die dicken Eisschollen im Winter, und teilt den Rhein ein in den Weintrinkerrhein (den oberen) und den Schnapstrinkerrhein (den unteren). Der Weintrinkerrhein endet ungefähr bei Bonn, Köln ist die Bierstadt, ab da geht das Schnapstrinken los. Und das, schreibt Böll, ist dann eigentlich eher auch der Winterrhein,

»... der Rhein der Krähen, die auf Eisschollen nordwestwärts ziehen, den Niederlanden zu, ein Breughel-Rhein, dessen Farben Grüngrau sind, Schwarz und Weiß, viel Grau, und die bräunlichen Fassaden der Häuser, die sich erst wieder auftakeln, wenn der Sommer naht. Und ich habe immer noch Angst vor dem Rhein, der im Früh-

jahr böse werden kann, wenn Hausrat im Fluss dahintreibt, ertrunkenes Vieh, entwurzelte Bäume; wenn auf die Uferbäume Plakate mit dem roten Wort Warnung *geklebt werden, die lehmigen Fluten steigen, wenn die Ketten, an denen die mächtigen schwimmenden Bootshäuser befestigt sind, zu reißen drohen, Angst vor dem Rhein, der unheimlich und so sanft durch die Träume der Kinder murmelt, ein dunkler Gott, der bewiesen haben will, dass er noch Opfer fordert: heidnisch, Natur, nichts von Lieblichkeit, wird er breit wie ein Meer, dringt in Wohnungen ein, steigt grünlich in den Kellern hoch, quillt aus Kanälen, brüllt unter Brückenbogen dahin: Undines gewaltiger Vater.*«[41]

Heinrich Böll erhält 1972 den Literaturnobelpreis

Auch mir ist der Rhein kein sommerlich-lieblicher Fluss. Seine latente Kraft ist immer spürbar, und wenn man auf einer seiner Brücken steht und in das schnell und undurchsichtig sausende Wasser mit den vielen Strudeln blickt, hat der Sog nach unten etwas Unheimliches. Nachts, wenn ich im Bett liege, höre ich die Züge über die Kölner Südbrücke fahren und denke daran, wie diese Brücke gebaut wurde, 1906, und wie sie beim Einsturz eines Montagegerüstes fünfzig Arbeiter in die Tiefe riss. Darum wurde sie ohne großes Einweihungstamtam und ohne durchschnittene bunte Bändchen 1910 sang- und klanglos dem Verkehr übergeben – eine Brücke für Eisenbahn, Fahrräder und Fußgänger, keine Autos. Und 1945 lagen ihre fünftausend Tonnen Stahl schon wieder im Rhein, nach den Bomben der Engländer. Die Amerikaner bauten nach dem Krieg auf den Resten eine Pontonbrücke – wer rüber wollte, wurde mit DDT-Pulver entlaust. Seit Oktober 1950 steht die Südbrücke wieder so da wie eh und je: drei gewaltige Bögen, 165 Meter der in der Mitte, 101,5 Meter die beiden äußeren und noch drei kleine Bögen von je 56 Metern über Land. Und wie eh und je schwebt sie immer ein bisschen in den Wolken, zeigt uns mal neun, mal zehn Kirchen von Köln und trotzt der Schwerkraft. Ich habe für den Kölner Stadtanzeiger vor mehr als dreißig Jahren über diese Südbrücke als meinen Lieblingsplatz geschrieben, dazu konnte ich tagelang im wunderbaren Kölner Stadtarchiv recherchieren –

41 Heinrich Böll, *Undines gewaltiger Vater*

Gegenüber:
Mystischer Rhein

das inzwischen durch Bauschlamperei beim U-Bahn-Bau abgesackt und für immer hinüber ist.

Nachts fahren die Eisenräder der Güterzüge direkt durch mein Zimmer. Ich liege wach und arbeite an der Ansprache, die ich eines Tages von einem der kleinen halbrunden Sandsteinbalkone den Schafen, den Möwen und den Bordhunden auf den Kieskähnen halten werde.

Aber das war jetzt schon ein Ausflug nach Köln, während wir gerade erst, weintrunken, mit dem Bus aus Straßburg heraus und wieder zu unserem Schiff, der *Rheinmelodie*, fahren, müde von all dem Gesehenen.

Aber ein Rosé an Deck: geht noch.

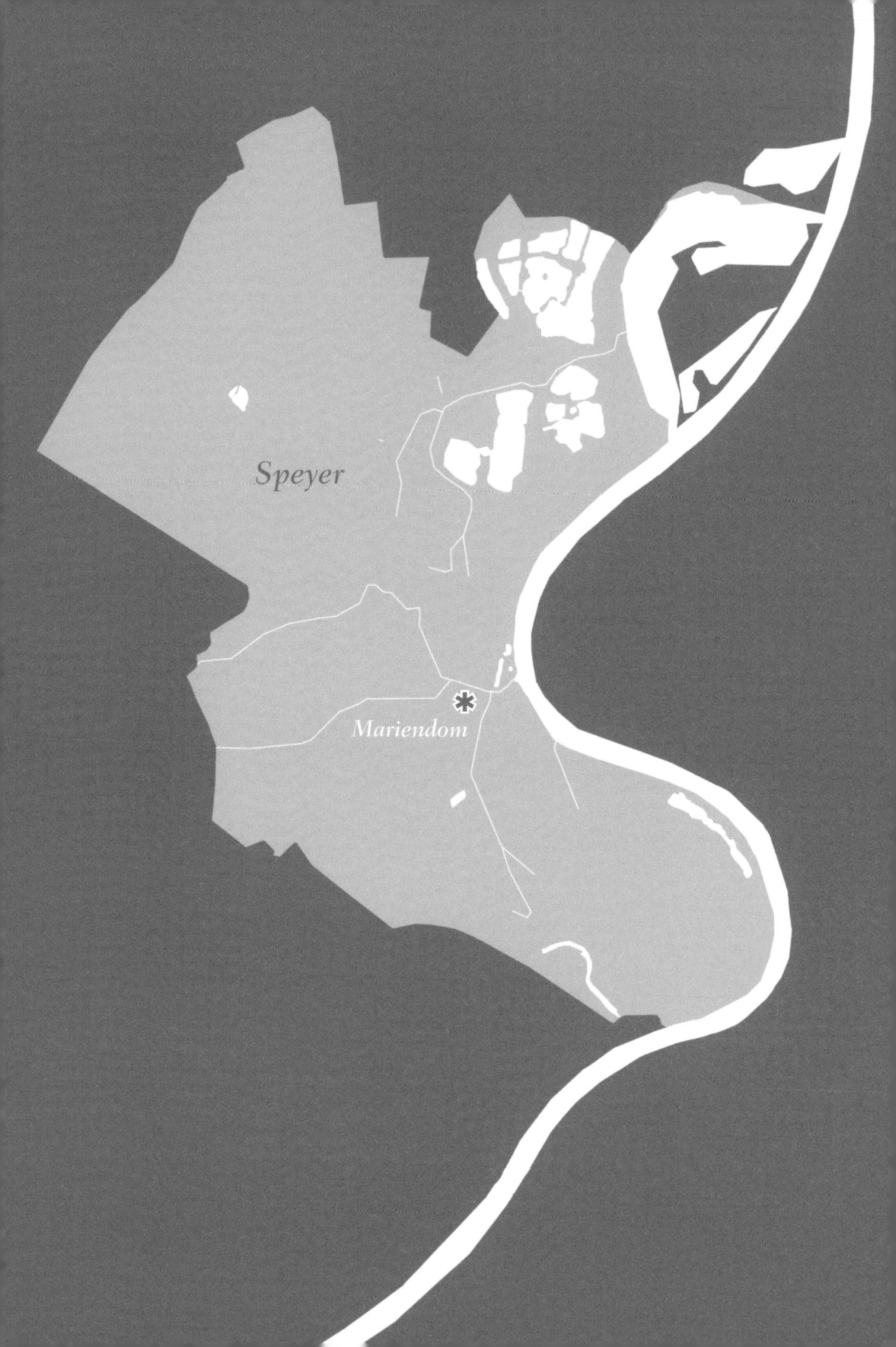
Speyer
Mariendom

Speyer

Das Schiff fährt natürlich auch nachts. Das bedeutet: Vieles sehen wir nicht, vieles kriegen wir nicht mit. Über hundert Kilometer sind wir in der Nacht gefahren, vorbei am ganzen Elsass, links Frankreich mit den Vogesen, rechts Deutschland mit dem Schwarzwald, vorbei an Breisach, an Wyhl, wo in den 70er-Jahren enorme Bürgerproteste tatsächlich den Bau eines Kernkraftwerkes verhinderten, vorbei am Kaiserstuhl, der wärmsten Gegend Deutschlands mit seinen Terrassenweinbergen auf Vulkangestein, vorbei an Staufen, der Stadt, in der angeblich der Teufel den Faust zu packen kriegte – an der Fassade des »Löwen« kann man eine Inschrift dazu lesen:

»... und es geht die Sage, der obersten Teufel einer, der Mephistophiles, den er in seinem Leben nur seinen Schwager genannt, habe ihm, nachdem der Pact von 24 Jahren abgelaufen, das Genick abgebrochen und seine arme Seele der ewigen Verdammnis überantwortet.«

Wir fahren auch vorbei an Rastatt, Karlsruhe, Hockenheim und an der breiten Stelle, wo der Rußheimer Altrhein mit seinem so wichtigen Naturschutzgebiet wieder dazu stößt und beide Rheinufer deutsch sind. Hier verbergen sich ganz wunderbare Rheinauen voller Pflanzen und Tiere, die ungestört wachsen können, es sind verborgene Paradiese und Feuchtbiotope. Das größte ist mit 1700 Hektar Taubergießen, rechtsrheinisch zwischen Freiburg und Offenburg gelegen. Seit 1979 ist es Naturschutzgebiet, hier werden die letzten Auwälder noch durch Hochwasser, das hereinfließen kann, feucht gehalten und bieten Lebensraum für 250 verschiedene Vogelarten – darunter Adler, Milane, Falken –, für Echsen, Frösche, Schlangen, für zahllose Wasser- und Singvögel, und sogar Biber und Wildschweine soll es geben. Was die Wildschweine allerdings während der Überschwemmungen

Folgende Doppelseite:
Trinkende Pferde am Ufer des Rheins bei Speyer

Johann Georg Faust, berühmtester Einwohner Staufens

4

machen, weiß ich auch nicht. Was ich aber weiß: dass am Rhein mehr Tiere und Pflanzen gedeihen als an jedem anderen Fluss Europas.

Wir sind jetzt in der Pfalz und wachen auf in Speyer.

Speyer ist eine der ältesten Städte Deutschlands, hier waren zwei Jahrtausende vor den Römern schon die Kelten. Der Dichter Friedrich Hölderlin ist hier gereist, 1788, zu Pferde, und er schrieb an seine Mutter, wie er in Speyer spazieren ging und plötzlich am Rhein landete an der Stelle, wo die Schiffe ihre Waren ausluden. Denn Speyer besaß das Stapelrecht, was bedeutete: Alle Boote und Schiffe mussten hier am Rheinufer anlegen und für drei Tage ihre Ware ausladen, stapeln und den Bürgern anbieten. Wohl deshalb haben sie sich strikt gegen Tullas Rheinbegradigung gewehrt, denn die hätte sie vom Fluss abgeschnitten. Nun aus Hölderlins Brief an die Mutter:

»Man denke sich, der majestätischruhige Rhein, so weit her, dass man die Schiffe kaum noch bemerkte – so weit hinaus, dass man ihn fast für eine blaue Wand ansehen könnte, und am gegenseitigen Ufer dicke, wilde Wälder – und über den Wäldern her die dämmernden Heidelberger Gebirge – und an der Seite hinab eine unermessliche Ebene – und alles so voll Segen des Herrn – und um mich herum alles so tätig – da lud man Schiffe aus – dort stießen andere ins Meer, und der Abendwind blies in die schwellenden Segel – ich ging gerührt nach Haus und dankte Gott, dass ich empfinden konnte, wo Tausende gleichgültig vorübereilen, weil sie entweder den Gegenstand gewohnt, oder Herz wie Schmer haben.«[42]

Pilger
Gewandfigur von
Martin Mayer, 1990

Wir wollten keineswegs *»ein Herz wie Schmer«* – ein verfettetes, fühlloses Herz – haben, aber als Kreuzfahrtreisende hatten wir nur wenig Zeit, uns Speyer anzusehen, die prächtige, vom Dom abgehende Maximilianstraße entlang zu bummeln, auf der in Bronze gegossen überlebensgroß ein Pilger auf dem Jakobsweg nach Santiago de Compostela steht. Die Pilger aus Holland und Polen mit dem Ziel Santiago de Compostela sollen sich früher hier getroffen haben, auch der Jakobsbrunnen in der – Achtung: *Heydenreichstraße*! – weist noch darauf hin.

42 Friedrich Hölderlin, *Reisetagebuch 1788*

Viel Zeit hat man ja auf so einer Reise meist nicht – der Bus zum Schiff wartet, der strenge Fahrplan wird eingehalten, was man nicht sieht, muss man sich erlesen. Aber man weiß nach so einer Schiffsreise, wo man gern noch einmal und länger wäre – Straßburg und Speyer gehören gewiss dazu. Und: *»Lassen Sie sich Zeit«*, rät uns der liebevoll und kenntnisreich geschriebene Stadtführer *Speyer am Rhein* von Hannes Liebenstein, den man uns in einem prächtigen Antiquariat in Domnähe freundlich schenkt, *»der Dom läuft nicht weg.«* Das ist doch gut zu wissen.

Fensterrosette am Dom zu Speyer

Speyer ist historisch gesehen eine sehr spannende Stadt, die viel Krieg erlebt hat und oft zerstört wurde und so oft französisch war, dass sie noch heute französisches Flair hat – der Stadtführer Speyer nennt es *»mediterrane Kaffeehaus-Kultur«*. Was also tun Tom und ich? Wir sitzen und gucken und trinken Kaffee. Seit dem 7. Jahrhundert ist die Stadt Bischofssitz, seit dem 16. Jahrhundert haben die deutschen Kurfürsten hier ihre Reichstage abgehalten. Der Dreißigjährige Krieg brachte Speyer wie so vielen anderen Städten Zerstörung, Elend, Seuchen, Hunger, und kaum war er vorbei, kam mit dem pfälzischen Erbfolgekrieg 1689 neues Unglück und völlige Zerstörung – nur der Dom wurde geschont. Es gibt in Speyer kein Haus mehr aus der Zeit vor 1700. Und dann kamen die Truppen der französischen Revolution, die blieben – auch nicht zimperlich – von 1792 bis 1814, und im Juni 1815 fand noch mal große Weltpolitik in Speyer statt: Im Rahmen des Wiener Kongresses trafen sich hier der russische Zar Alexander, der österreichische Kaiser Franz I. und der preußische König Friedrich Wilhelm III. – alles wurde neu aufgeteilt und Bayern kriegte Speyer als Ausgleich für Salzburg, das an Österreich ging. Darum heißt die Hauptstraße auch Maximilianstraße, nach dem bayerischen König Max I. Joseph, aber die Speyrer nennen sie sowieso nur *»Hauptschtroß«*.

Dom zu Speyer

Im Ersten Weltkrieg wurde Speyer wieder französisch und blieb es bis 1930, nach dem Ende des Zweiten 1945 kam noch mal die französische Besatzung und zog erst 1949 ab. Jetzt ist es unser Speyer an unserem Rhein mit unserem Dom und hier ruht, wie wir wissen, unser Wiedervereinigungskanzler. Er schläft nahe bei Kaisern und Königen. Und in seiner Zeit als Kanzler hat er möglichst jeden Staatsbesuch hierher geführt, so wichtig war ihm sein Dom: Von Margaret Thatcher über George Bush und Michail Gorbatschow bis zu König Juan Carlos von Spanien – alle waren sie da.

Kaiser Konrad II.

Der Mariendom ist die weltweit größte noch erhaltene romanische Kirche. Ganz offiziell heißt er *Domkirche St. Maria und St. Stephan*. Um 1027 soll Kaiser Konrad II. den Auftrag zum Dombau gegeben haben, und, das ist interessant: Er sollte nicht auf einem zentralen Platz stehen, sondern auf dieser Anhöhe nahe dem Rhein. Die Baugeschichte ist lang und von Bränden und Zerstörungen begleitet. Heinrich IV. (das ist der, der 1076 so unrühmlich den Gang nach Canossa antreten und bei Papst Gregor VII. kleine Brötchen backen musste, um vom Kirchenbann wieder losgesprochen zu werden – wurde er, aber erst 1111, nach seinem Tod) hat die eine Hälfte wieder abgerissen, um größer neu aufzubauen. 1106, in seinem Todesjahr, war man damit fertig. Die französischen Revolutionäre hackten ein paar Jahrhunderte später alles kurz und klein und Napoleon nutzte den Dom als Viehstall und Futterlager, aber das wollen wir alles verzeihen und vergessen: Er ist wieder hergerichtet, neu geweiht, hübsch gemacht. Aber ein Chronist, der Kunsthistoriker Georg Dehio, beklagte vorsichtig, dass unter den vielen Zerstörungen des Doms die Änderungen im 19. Jahrhundert nicht die geringsten gewesen seien …

Egal: Da steht er, prächtig, roter Sandstein, an dem Tag, als wir in Speyer sind, zeigt das Thermometer 32 Grad, wir bleiben lange im schönen, weiten, hohen Dom und genießen Stille und Kühle. 132 Meter lang ist das Kirchenschiff, es war das größte im Mittelalter. Gott hat schon von alters her die schönsten Wohnsitze mitten in den Städten, heute kaum bezahlbar, aber für Gott natürlich kein Problem. Hier waren auch schon Goethe, Schiller, Hölderlin, Eichendorff, von all den Päpsten, Bischöfen, Kaisern gar nicht zu reden, und alle haben dieses prächtige Bauwerk gelobt. Natürlich gehört auch dieser wirklich wunderschöne romanische Dom zum

UNESCO-Weltkulturerbe, seit 1981. Und es ruhen drei Könige und fünf Kaiser im Dom, so viele, dass Spötter sagen: »*Wann's in Speyer die tote Kaiser net gäb, wär iwwerhaupt kä Lewe in der Stadt.*«

Im Domgarten steht eine Skulpturengruppe von Günther Zeuner, die erzählt den Traum eines Fährmanns, dass nämlich alle toten Kaiser dem Volk in der Not zur Hilfe eilen wollen, aus dem Dom zum Rhein kommen und rufen: »*Fährmann, hol über!*«

Fährmann, hol' über
Skulpturengruppe von Georg Günther Zeuner im Domgarten von Speyer

So, jetzt kommt etwas, das nicht direkt zum Rhein gehört, aber es ist eine solche Perle pfälzischer Dichtkunst, dass ich einfach nicht darauf verzichten möchte, die Leser daran teilhaben zu lassen. Und immerhin ist die Dichterin Lina Sommer (*s' Lin'sche*) eine echte Speyererin, also ein Kind des Rheins, 1862 hier geboren und als waches, begabtes Mädchen herangewachsen. Früh hat sie geschrieben – kleine Theaterstücke, Geschichten, Werbetexte (»*Nähe mit Pfaff, dann bist du baff*«) und Mundartgedichte. Sie wurde sogar berühmt damit, mehr als sechzig Zeitungen druckten ihre Gedichte und Geschichten, auch die legendären *Fliegenden Blätter*, eine damals vielgelesene satirisch-humoristische Zeitschrift, die von 1845 bis 1928 erschien und aus deren beiden Serienfiguren *Biedermann* und *Bummelmaier* später der Begriff »Biedermeier« zusammengesetzt wurde. Hier also veröffentlichte Lina Sommer, weil sie es konnte und auch, um nach dem Tod ihres Mannes die große Kinderschar über Wasser zu halten. Eines ihrer pfälzischen Gedichte handelt – nein: nicht vom berühmten Saumagen, aber – von einem Leberwürstchen (*Lewwerwärschtel*) und mag Sie nun erfreuen.

E' Pälzer Blummeschtreißel
Gedichte in Pfälzer Mundart von Lina Sommer

S' Marieche war beim Metzger,
der schenkt dem liewe Kind
e kläänes Lewwerwärschtel,
häm tragt se's, schtolz un g'schwind.
Se möchte's glei schnawweliere,
die Mudder, die leids nit.
Se segt: ›So schbät am Owend

vertragscht de's Wärschtel nit!
Kumm her, mer wolle's lege
vor's Bettche uf de Schtuhl,
un morge frieh, – do holscht der's
am zehne, nooch der Schul‹.
›O Mamme‹, greint's Marieche,
›ich ess es liewer jetzt,
nit dass heit Nacht mein Engelche
sich uf mei Wärschtel setzt!‹[43]

Fast vergessen war sie, diese Dichterin, aber vor etwa fünfzehn Jahren hat man ihre Werke wiederentdeckt, nachträglich gewürdigt, in Speyer eine Schule und eine Straße nach Lina benannt und einen Wanderweg im dreißig Kilometer entfernten Jockgrim, wo sie bei ihrem Sohn gestorben ist und begraben liegt. Sollten Sie dort vorbei kommen – legen Sie doch ein *Lewwerwärschtel* aufs Grab!

Marie Sophie von La Roche Gemälde von Georg Oswald May, um 1776

Die Bischöfe und Fürsten haben viel für die Kultur der Rheinstädte getan, und der Handel auf dem Wasser brachte Wohlstand. Speyer hat trotz der Kriege, die hier immer wieder wüteten, und trotz der Zerstörungen doch viel Kultur hervorgebracht – die kluge Lehrerin und Ordensfrau Edith Stein, von den Nazis ermordet, lebte und wirkte acht Jahre in Speyer, eine Gedenkstätte erinnert an sie. Sophie von La Roche, die hochgebildete Schriftstellerin und Herausgeberin der ersten deutschen Frauenzeitschrift, der *Pomona*, hatte hier ihren literarischen Salon, der früher in Koblenz-Ehrenbreitstein berühmt war. Aber nachdem Kurfürst Clemens ihren Mann, einen Trierer Geheimrat, 1780 aus dem Dienst entlassen hatte, weil der den Adel zu heftig kritisiert hatte, wurden Wohnsitz und Salon von Koblenz nach Speyer in die Maximilianstraße 99 verlegt, und hierher kam zum Beispiel Schiller, der junge Dichter der *Räuber*. Anselm Feuerbach, einer der wichtigsten Maler des 19. Jahrhunderts, wurde in Speyer geboren, und nach dem frühen Tod der Mutter heiratete hier sein Vater ein zweites Mal. Und wen? Henriette Heydenreich … und

43 Lina Sommer, *S'Lewwerwärschtel*

die war Schriftstellerin und hat ein Buch geschrieben mit dem Titel *Gedanken über die Liebenswürdigkeit von Frauen*. Nach ihr ist die Heydenreichstraße benannt. Was dachten Sie denn?

Widmen wir uns dem Thema Krieg und Literatur etwas ernsthafter mit einem interessanten Gedanken von Victor Hugo, dem wachsamen, leidenschaftlichen Rheinreisenden:

»Zur selben Zeit wie der Handel und auf denselben Booten schwammen der Geist der Häresie, der Forscher- und Freiheitsgeist diesen großen Strom hinauf und hinab, auf dem, so scheint es, alles Denken der Menschheit einmal vorbeikommen musste. Und dann näherte sich das 16. Jahrhundert. Der Rhein hatte im 14. Jahrhundert, nicht weit von ihm, in Nürnberg, die Geburt der Schießkunst erleben dürfen, im 15. Jahrhundert entstand an seinem Ufer, in Straßburg, die Druckerkunst. Im Jahre 1400 hatte Köln seine berühmte 14 Fuß lange Feldschlange gegossen. 1472 hatte Wendelin von Speyer seine Bibel gedruckt. Eine neue Welt entstand, und es ist bemerkenswert und daher wert, dass man es betont: es war an den Rheinufern, wo jene beiden geheimnisvollen Werkzeuge, das des Kriegs und das des Gedankens, mit denen Gott unaufhörlich an der menschlichen Zivilisation arbeitet, das Katapult und das Buch, erfunden wurden, wodurch beide eine neue Form erhielten.«[44]

Eine Feldschlange war eine Waffe, eine Art Eisenrohr zum Schießen, auf Holzböcke geklemmt. Die Waffen und die Bücher – ist es das, was die Menschen umtreibt, der Krieg und das Denken?

Als die Burgunden vom Hof in Worms aufbrachen, um kriegerisch gelaunt über den Odenwald ins Land der Hunnen zu ziehen, da kam aus Speyer ein Bischof und gab Königinmutter Ute, Gunter, Kriemhild und Hagen den Segen für die Reise. Hat nichts genützt, nach Kriemhilds Hochzeit mit Etzel kam die Rache für Siegfrieds Tod, und am Ende lebte fast niemand mehr – es gab sozusagen Gemetzel bei Etzel. Aber das ist eher ein Thema für Worms als für Speyer.

Victor Hugo
Gemälde, von Daniel Saubès und Léon Bonnat, 1903

Folgende Doppelseite:
Seit dem 8. Jahrhundert wurde *getreidelt*, Schiffe wurden an langen Leinen flußaufwärts gezogen; gezeichnete Tafel am Rheinufer

44 Victor Hugo, *Der Rhein*

Schiffer

Verein.

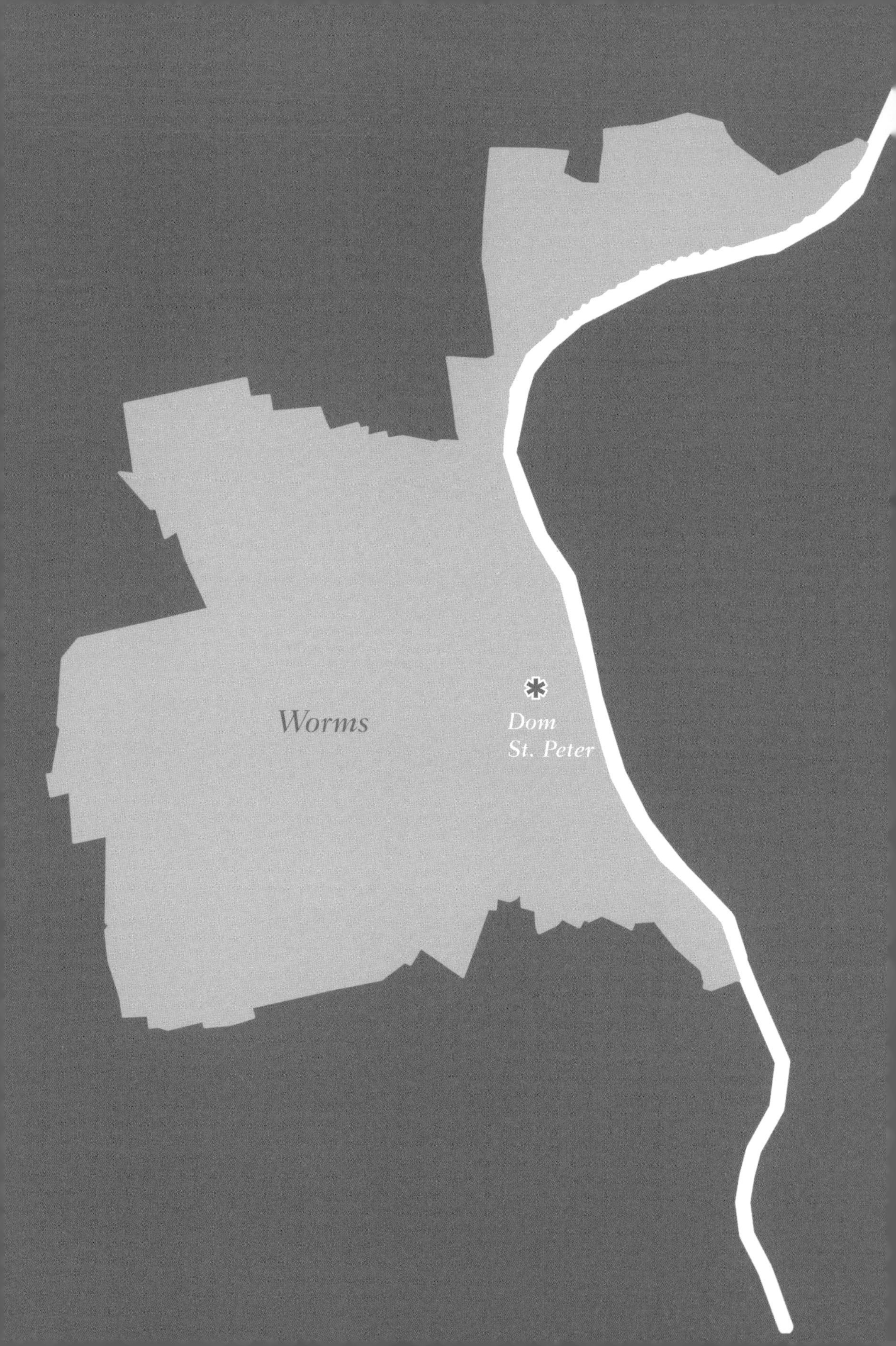
Worms
Dom
St. Peter

Worms, Nibelungen, Luther – das ganze Programm

Wir sind jetzt etwa bei Rheinkilometer 400 und fahren weiter, die Stimmung steigt, denn bald kommt das Streckenstück, auf das sich alle freuen: der romantische Rhein. Burgen! Schlösser! Türme! Ruinen! Loreley! Ah!

Aber erst mal: Mannheim und Ludwigshafen, Raffinerien, BASF, Industriebrachen, Schornsteine mit Abfackelflammen und der Rhein voll mit Fracht- und Containerschiffen. Ein anonymer Dichter sagt:

»Wen der liebe Gott will strafen,
den schickt er nach Ludwigshafen.
Doch schickt er ihn nach Germersheim,
so geh er lieber in den Rhein.«

Ich war noch nie in Germersheim, sollte ich vielleicht mal hin? Nicht vertrauenerweckend ist allerdings, dass man Germersheim auch *Schnookestadt* nennt, die Stadt der Schnaken. Hier waren mal die Fiebersümpfe mit den tödlichen Malariamücken, deshalb mieden die Römer dieses rechte Rheinufer. Aber nach Ludwigshafen will ich ehrlich gesagt bitte auch nicht.

An Worms fahren wir leider vorbei, aber ich war schon früher dort und kenne es – schöner Dom, scheußliche Innenstadt, viele Bausünden, jämmerliche Fußgängerzone. Worms war lange Zeit eine zur Festung ausgebaute Garnisonsstadt, hier residierten die Franzosen, nach dem Krieg die Amerikaner, jetzt die Bundeswehr mit sechs Luftwaffenausbildungsbataillons – das Wort hätte Mark Twain gefallen, der sich über deutsche Schlangenwörter amüsieren konnte! Ob er die glorreiche *Rasenmäherlärmverordnung* oder die *Donaudampfschifffahrtsgesellschafts-*

Stadtansicht Germersheim (Ausschnitt), Postkarte um 1905

kapitänswitwe kannte? Das längste deutsche Wort ist leider laut Schweriner Landwirtschaftsministerium 2013 endgültig abgeschafft worden – es war das 1999 zum Schutz der Verbraucher vor der Rinderseuche BSE eingeführte *Rindfleischetikettierungsüberwachungsaufgabenübertragungsgesetz*. Leider weg, ersetzt durch »*Landesverordnung über die Zuständigkeiten für die Überwachung der Rind- und Kalbfleischetikettierung*«. Ist aber auch noch schön.

Schluss mit dem Unfug, zurück zum Rhein: Er erträgt ein mächtiges Industriegebiet an seinen Ufern, ein nicht zu begreifendes, endloses Rohrsystem, Tanks ohne Pause, und erst bei Kilometer 432 wird es endlich wieder grün. Jetzt stinkt es nicht mehr, die Schornsteine mit den Stichflammen sind weg, zaghaft trauen wir uns wieder aufs Oberdeck und sehen Bäume, Sandstrände, Mütter mit Kindern und nassen Hunden am Wasser, so soll es doch eigentlich auch sein.

Der Dom St. Peter zu Worms

Wir wären gern in Worms ausgestiegen und auf Siegfrieds Spuren gewandert – und hätten uns noch mal den romanischen Kaiserdom angesehen, einen der drei, die es noch gibt: Speyer, Mainz und eben Worms. Die Nibelungenfestspiele finden im Sommer hier direkt vorm Dom statt, und dann wird der blonde Siegfried wieder getäuscht, ermordet, gerächt. Ein Nibelungenmuseum, 2001 in Worms eröffnet, berichtet umfassend davon.

Und am Rheinufer steht doch tatsächlich seit 1932 ein Hagendenkmal! Man sieht, wie Hagen das Gold in den Rhein schmeißt, damit es die Witwe Kriemhild nicht benutzt, um sich an den Burgunden für den Mord an ihrem Siegfried zu rächen. Ein Denkmal für einen Bösewicht!

Aber historische Bösewichter stehen ja oft bronzen auf hohen Sockeln, warum nicht auch Hagen. Und letztlich ist dieses ganze Nibelungengedöns ja dann doch eher mythisch als historisch. Was also will ein Museum eigentlich zeigen, wo es doch keinerlei historische Exponate gibt? Den Text des alten Nibelungenliedes? Ich möchte da gern mal hin und mir das ansehen.

Das Nibelungenlied ist ein mittelalterliches Heldenepos, es erfuhr viele Übersetzungen, Veränderungen, Vereinfachungen.

In Kurzform geht die Geschichte, die ich ja in Wagners Version im Rheingold-Kapitel schon kurz anerzählt habe, etwa so:

Es war einmal eine schöne blonde Königstochter, die hieß Kriemhild und lebte mit ihrer Mutter Ute und ihren drei Brüdern Gunther, Gernot und Giselher am Königshof zu Worms, der Vater Dankrat war tot. Ein wichtiger Gefolgsmann am Hof war Hagen von Tronje (in Wagners Opernprojekt *Ring des Nibelungen* ein unehelicher Sohn Utes, gezeugt vom finsteren Nibelungenkönig Alberich). Gleichzeitig lebte in Xanten am Niederrhein ein ebenfalls blonder, großartiger Königssohn namens Siegfried, ein mutiger Ritter, Sohn von Siegmund und Sieglinde (bei Wagner sind das Geschwister, Siegfried also Spross eines Inzests). Der hörte von der schönen Kriemhild und wollte sie haben. Wie ging sowas damals ohne RTL und *Bunte*? Ich denke, durch fahrende Minnesänger oder Erzählungen anderer Ritter.

Jung-Siegfried
Farbdruck nach Max Koch aus *Die Heldensagen der Germanen*, 1904

Siegfried ging der Ruf voraus, einen Drachen erschlagen und diesem viel Gold geraubt zu haben und durch das Drachenblut so gut wie unverwundbar zu sein. Aber auch harte Männer können schmachten. Er schmachtete nach Kriemhild und zog mit zwölf Männern los, den Rhein hinauf Richtung Worms. Da hilft er dem schwachen Gunther erst mal, einen kleinen Krieg zu gewinnen (Kriemhild bleibt brav in der Kemenate), und dann soll er für Gunther Brünhild, die Königin vom Isenstein, erobern, denn ehe die Schwester heiraten darf, muss erst der Bruder, der König, unter die Haube. Der bringt aber allein nichts zustande, also holt Siegfried Brünhild von ihrem feuerumkränzten Felsen da oben in Island ab und hilft heimlich auch in der Hochzeitsnacht aus, als die wütende Brünhild den schwachen Gunther mit einem Gürtel am Kleiderschrank aufhängt. Sie ahnen spätestens hier, dass das alles nicht gut ausgehen kann – zu viel Betrug und Machenschaften –, und so geraten denn auch schon bei der Doppelhochzeit die beiden Frauen Kriemhild und Brünhild ordentlich aneinander, wer denn nun die wahre Königin sei und wer zuerst den Dom von Worms betreten dürfe. Die Sache spitzt sich zu, Kriemhild fürchtet um Siegfrieds Leben und vertraut ausgerechnet Hagen, dem man doch Nibelungentreue attestiert, die einzige verwundbare Stelle Siegfrieds an. Er hatte, wir erinnern uns, im Drachenblut gebadet, weil ein Vöglein ihm gesungen hatte: *»Du sollst in Drachenfett dich baden, dass dir kein feindlich Schwert kann schaden.«* (aus meinem Märchenbuch). *Fett* klingt aber so eklig, sagen wir: *Blut*. Und auf die Schulter fiel ein Lindenblatt – da war unser Held verwundbar und erzählte das der Gattin. (Man soll nie so genau erzählen, wo man verwundbar ist, lehrt uns diese Geschichte.) Kriemhild erzählt es Hagen weiter, er soll ihn ja schützen. Hagen tut das Gegenteil, ermordet Siegfried, Kriemhild trauert und sinnt jahrelang auf Rache. Sie heiratet dafür sogar Etzel oder Attila, den Hunnenkönig, lädt nach dreizehn Jahren ihre ganze Wormser Verwandtschaft scheinheilig zur Versöhnung ein und lässt alle ermorden; Hagen haut sie eigenhändig mit einem Schwert den Kopf ab.

Kriemhild an Siegfrieds Bahre
Farblithografie von Emil Lauffer, 1879

So weit, so unschön, aber von solchen Mythen kann eine Stadt wie Worms doch ganz gut leben – Nibelungenbrücke, Nibelungenturm, Nibelungenfestspiele, Nibelungenschule, Nibelungenmuseum, sogar im Nibelungenstil wurde gebaut: Dabei handelt es sich um eine Vermischung von Neuromanik und Darmstädter Jugendstil. »Erfunden« wurde dieser doch eher seltsame Baustil vom Wormser Stadtbaumeister Karl Hofmann, der 1890 einen neuromanischen Wasserturm baute, und 1900 entstand die Nibelungenbrücke mit imposantem Nibelungenturm als Eingang in die Stadt, alles nach Plänen von Hofmann. Auch der Wormser Bahnhof, 1903 gebaut, hat was Nibelungenartiges. Wer ankommt, weiß Bescheid: Hier komme ich tief in die deutsche Geschichte!

»Es gibt Städte, deren Gegenwart niemals mehr an ihre Vergangenheit heranreichen kann. Zu ihnen gehört Worms. Nennt man nur den Namen der Stadt am Rhein, liegt das Reich der Burgunder im frühen Licht der Sage vor uns, und das Lied der Nibelungen will uns betören, wie Generationen vor uns.«[45]

Auch Martin Luther war in Worms – zum Reichstag eingeladen, um zu büßen. Er reiste im April 1521 an und büßte keineswegs, sondern predigte weiter gegen die verdorbene kirchliche Macht in Rom. Er soll das ausnahmsweise mal ruhig und besonnen getan und gesagt haben:

Luther auf dem Reichstag zu Worms
Kolorierter Holzschnitt (Ausschnitt), 1557

»Wenn ich nicht mit Zeugnissen der Schrift oder mit offenbaren Vernunftgründen besiegt werde, so bleibe ich von den Schriftstellen besiegt, die ich angeführt habe, und mein Gewissen bleibt gefangen in Gottes Wort. Denn ich glaube weder dem Papst noch den Konzilien allein, weil es offenkundig ist, daß sie öfters geirrt und sich selbst widersprochen haben. Widerrufen kann und will ich nichts, weil es weder sicher noch geraten ist, etwas gegen sein Gewissen zu tun. Gott helfe mir, Amen.«[46]

Und als er in Worms mit seiner flammenden Rede fertig war, hat er nicht etwa das vielzitierte *»Hier stehe ich und kann nicht anders!«* gerufen, sondern: *»Ich bin hindurch!«*

45 Eckart von Naso, *Spannungen. Orleans, Worms, Jena*
46 Martin Luther, *Verteidigungsrede auf dem Reichstag zu Worms*

Gegenüber:
Der Hochaltar von Johann Balthasar Neumann im Wormser Dom

Kaum hat Luther aber Worms verlassen, verhängt Kaiser Karl V. die Reichsacht über ihn, das Wormser Edikt: Luther ist jetzt vogelfrei – nicht so schlimm, sein Landesvater Kurfürst Friedrich von Sachsen, genannt »der Weise«, beschützt ihn, erkennt das Verdikt nicht an und bringt Luther sofort auf der Wartburg unter, in Thüringen oberhalb der Stadt Eisenach gelegen. Dort nennt er sich *Junker Jörg* und lässt *»Haupthaar und Bart«* wachsen, so die Überlieferung, und nebenbei übersetzt er mal eben in nur elf Wochen das Neue Testament aus dem Griechischen ins Deutsche – schon 1522 wird es gedruckt und rasend schnell verbreitet. Später kommt das Alte Testament dazu, die ganze deutsche Bibel ist ab 1534 im Umlauf.

Worms – Nibelungenstadt, Lutherstadt, Domstadt, Weinstadt –, wir fahren mit dem Schiff einfach daran vorbei, trinken aber an Deck ein Glas Abonnement-Rosé auf Worms. Und auf Siegfried, und auf Luther, der übrigens auch sein Denkmal in Worms hat. Auf Hagen trinken wir nicht, gucken aber in den Rhein, ob das Rheingold nicht doch noch irgendwo da unten funkelt.

»Dir, Worms, werde Preis und die Frucht der Ehre zuteil, die du tapfer, klug und pflichtgetreu verharrst. Von Kopfsteuer sollst durch unsere Huld befreit sein, der Freiheit würdig genieße die Freiheit. Ruhmwürdiges Worms, sei allezeit glücklich! Dich hat mir das Kreuz geweiht und mich reich beschenkt. Mit dir, Worms, sei der Schutz deines guten Patrons, Petrus.«[47]

47 *Freiheitsprivileg* von Kaiser Friedrich I. Barbarossa, 1184

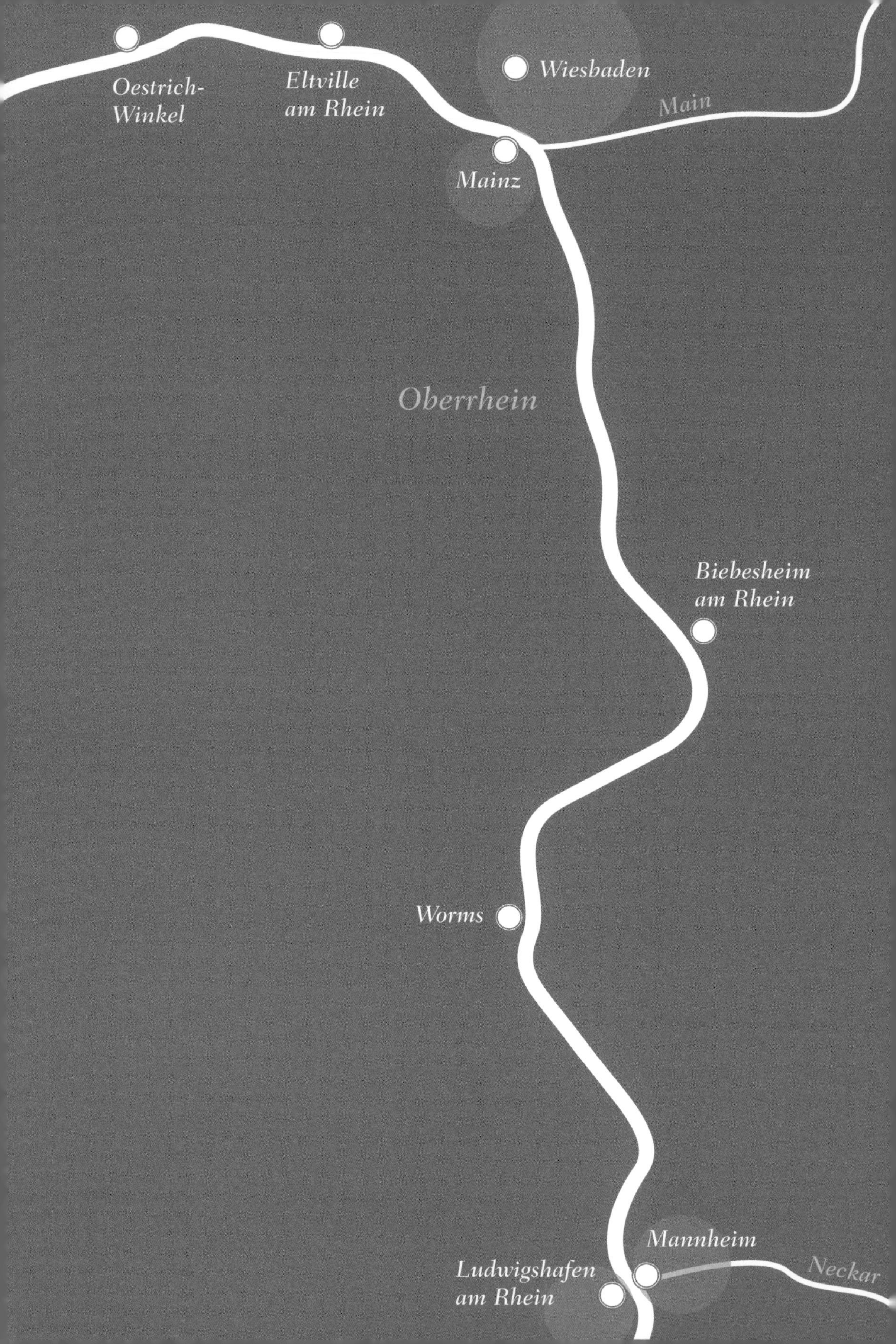
Oestrich-
Winkel
Eltville
am Rhein
Wiesbaden
Main
Mainz
Oberrhein
Biebesheim
am Rhein
Worms
Mannheim
Ludwigshafen
am Rhein
Neckar

Erst noch richtig Dreck, dann aber wirklich Wein

Es hilft ja nichts, wir müssen noch sehenden Auges rechtsrheinisch an Mannheim, und linksrheinisch an Ludwigshafen vorbei. Der Neckar, 380 Kilometer langer Sohn von Vater Rhein, mündet hier. Und so grausam wie vom Rhein, vom Schiff aus, sieht man das Chemie- und Raffinerieelend sonst ja nie. Schließlich ist Ludwigshafen einer der größten Binnenhäfen Europas. Kein Amazonasgefühl mehr, keine Bäume, keine Schwäne, gar nichts. Von Rheinkilometer 427 bis Rheinkilometer 432 kann man die Farbe Grün, das Wort Natur vergessen.

An Ladenburg vorbei mündet der Neckar in Mannheim in den Rhein

Ich mache es kurz: Die Badische Anilin- und Sodafabrik, kurz BASF, gegründet 1865, ist der größte zusammenhängende Chemiestandort der Welt. Und außer der BASF gibt es noch zahlreiche andere Chemieunternehmen hier. Man fährt also kilometerweit an bedrückender Realität entlang. Endlos, endlos, das hört gar nicht mehr auf, und wir haben Zeit, uns auf dem iPad einen Film des kritischen Journalisten Jürgen Lodemann anzusehen, Mitte der 90er für den Südwestfunk gedreht. Er hat für 1992 belegbare Zahlen. Hier an dieser Stelle wurden jährlich in den Rhein gekippt:

Chemiewerk BASF

186 Millionen Kubikmeter Abwasser; 1,4 Tonnen Blei; 5,2 Tonnen Chrom; 9,6 Tonnen Nickel; 42 Tonnen Zink und über 8000 Tonnen Ammoniakstickstoff.

Das war vor 25 Jahren. Seitdem, heißt es – und das glauben wir auch –, hat sich viel geändert. Aber allein, dass ein Unternehmen noch bis in die 90er-Jahre hinein völlig ohne nachzudenken seinen gesamten Dreck tonnenweise in einen lebenden Organismus, einen Fluss, schüttet – das macht mir dieses Unternehmen auf ewig suspekt. Hinter den Pappeln, rechtsrheinisch, Richtung Oggersheim, liegt heute die Großkläranlage von

BASF. Und mehr möchte ich dazu jetzt irgendwie gar nicht sagen. Der letzte bekannt gewordene, große Unfall – eine Explosion in einem Rohrgraben mit Chemikalien im Nordhafen der BASF Ludwigshafen – ereignete sich erst 2016, es gab Tote, eine Rauchwolke hing über der Stadt, aber es soll keine Gefahr für die Bevölkerung bestanden haben. Wer das noch glaubt.

Im Zweiten Weltkrieg wurden Mannheim und Ludwigshafen von Luftangriffen fast völlig zerstört, klar: Viel Industrie, viel Feind, und damit hatten sie noch »Glück«, denn eigentlich wollten die Amerikaner genau hier ihre erste Atombombe abwerfen. Da die aber erst fertig wurde, als der Krieg in Europa gerade beendet war, warfen sie sie stattdessen am 6. August 1945 auf Hiroshima.

Statt um Krieg, Bomben, Luft- und Wasserverschmutzung, Raffinerien und Kläranlagen kümmern wir uns aber jetzt mal ein bisschen um den Wein. Denn Weinberge begleiten uns nun schon lange, aber jetzt wird es immer mehr Wein, an allen Hängen. Vor allem rechtsrheinisch wächst er auf sonnenbeschienenem Schiefer, der die Wärme hält und sie nachts und in kalten Zeiten abgibt. Und da können manche noch so spöttisch maulen: Die Rheinweine, die hier wachsen, gehören zu den besten der Welt. Da ist nichts mehr lieblich mit Schraubverschluss, was Mutti früher so gern – möglichst warm – getrunken hat, ich glaube, es hieß Liebfrauenmilch.

Sketch aus dem dänischen Magazin *Ravnen*, 1901

Herr: *»Hören Sie, Herr Ober, eine Flasche Liebfrauenmilch für 40 Dänische Kronen, das ist doch teuer!«* – Ober: *»Entschuldigen Sie, aber die Dame trinkt es immer, wenn sie hier diniert, und die anderen Herren haben sich noch nie über den Preis beklagt.«* –[48]

Am Rhein wachsen seit Jahrhunderten Spitzenweine, die immer mehr veredelt wurden und werden. Im Grunde ist das Anbaugebiet klein, zwischen Boppard und Bingen, und auch an den steilen Hängen mühsam zu bewirtschaften. Es sind vor allem weiße Rebsorten, die hier gedeihen an den sonnigen Hängen: Riesling, Müller-Thurgau, Kerner, Grauburgunder.

48 Ravnen, 1901

Seit wann es Wein gibt? Man sagt, seit dem 6. Jahrtausend vor Christus. Im heutigen Georgien und Armenien sollen sie damit angefangen haben, ein Getränk aus vergorenen Trauben zu entwickeln, das einen schönen Rausch machte. Weingenuss führte auch zur Ekstase, und das schafft ja wieder Nähe zu Gott, eigentlich doch was Gutes. Nicht umsonst hat Gott Noah nach der Sintflut eine Weinrebe geschenkt, er wurde sozusagen der erste Winzer. Also: Wein ist gottgewollt und tut uns Gutes. Als Odysseus auf seinen Irrfahrten in die Fänge des einäugigen Riesen Polyphem geriet, machte er ihn mit Wein betrunken, stach ihm das eine Auge aus und konnte so von dannen ziehen. Aber eigentlich sollte man beim Wein nett miteinander sein, sogar das liebe Rotkäppchen bringt der kranken Großmutter im Körbchen Kuchen und Wein, obwohl Alkohol gemeinhin in Grimms für Kinder bereinigten Märchen nicht vorkommt – eher ist gern von *Zaubertränklein* die Rede, aber wir wissen natürlich, was gemeint ist. Und am Hof des Königs Claudius in Shakespeares *Hamlet* wird was getrunken? Natürlich Rheinwein.

Noah trinkt Wein
Mosaik aus dem 12.–14. Jahrhundert

Für Weinbau braucht man guten Boden und gutes Klima. Beides ist an den Rheinhängen reichlich vorhanden, das wussten natürlich schon die Römer. Und der viele wunderbare Wein, der an den Hängen des Rheins und seiner sonnigen Nebenflüsse wächst, all das reicht nicht aus: In Deutschland wird doppelt so viel Wein getrunken, wie die Winzer produzieren können.

Wir wollen aber nicht so tun, als sähen die Weinberge wirklich schön aus, die Terrassen am Kaiserstuhl schon gleich gar nicht. Hier hat der Mensch zweimal nachhaltig ins Landschaftsbild eingegriffen: einmal im Mittelalter, wo man mit Natursteinen sanft abfallende Terrassen baute, um die Sonne optimal einzufangen und auf engen Pfaden und Treppen im Wein arbeiten zu können, das zweite Mal in den 70er-Jahren, brutal, jahrelang, mit Planierraupen. *»Diesmal«*, schreibt Tümmers, *»wurde nicht mehr der Weinbau der Landschaft, sondern die Landschaft dem Weinbau angepasst.«* Hinweg mit Wanderwegen, Schmetterlingen, Smaragdeidechsen, Orchideen. Ja: Fortschritt und Wohlstand haben ihren Preis. Wir gönnen den Winzern von Herzen, dass sie nicht mehr zweitausend, sondern nur noch achthundert Stunden im Jahr pro Hektar im Weinberg arbeiten müssen, aber dafür haben sie eben auch die Wege asphaltiert, damit Maschinen fahren können, und überhaupt sieht das Ganze sehr nach einer Rebenfestung aus, nach Weinindustrie statt Weinromantik, nach Monokultur und Flurbereinigung und in der Pfalz habe ich immer das Gefühl, an endlosen Friedhöfen vorbeizufahren.

Aber vor den gewaltigen Weinbergen hier liegen die kleinen Städtchen und Dörflein des Rheingaus, und das ist nun eindeutig eine der schönsten deutschen Gegenden. Tom und ich sind sie – auch ohne Weintrinkabonnement – noch mal extra abgefahren, im Juli, und wir landeten bei Eltville in einem – nein, nicht Bier-, sondern wirklich – *Wein*garten direkt am Rhein: Rohe Holzbänke und Tische am Wasser, eine Holzbude, in der es verschiedene herrlichste Weine gab, gekühlt, das Glas zu zwei Euro (gibt es irgendwo noch irgendwas für zwei Euro?) und dazu warme frische Brezeln und Käse. Man sitzt, trinkt, isst, schaut auf den ruhig dahinströmenden Rhein, in dem die Hunde schwimmen und danach auf der Wiese tollen, und es ist eine Stimmung von unendlicher, ruhiger Heiterkeit. Der welterfahrene Tom sagt: *»Hier sieht es aus wie am Jangtse.«* Ich glaube, alle großen Ströme haben diese magische Wirkung auf unser unruhiges Inneres. Dieser Abend unserer Rheinreise hier, am Nil, am Jangtse, nein: am Rhein bei Eltville, bestärkte unwiderruflich meine Liebe zu diesem Rhein, der uns das alles schenkt.

Eingang des Brentanohauses in Oestrich-Winkel

Über den Rheingau, diese begnadete Gegend, ist viel geschrieben worden, sogar Thomas Mann hat sie bejubelt, *»Der Rheingau hat mich hervorgebracht«* (1922), und hier war sie, die Wiege der deutschen Romantik: Hier ist das Brentanohaus, hier liegt die Günderrode begraben, hier waren sie alle, die Arnims, die Grimms, die Savignys, Goethe, Kleist, Hölderlin – und ihr Geist ist noch spürbar. Natürlich ist in Sachen Touristenkitsch – Rheinkieselketten, Wurzelmännlein, bunte Weingläser oder Gipsloreleyen – auch die Gegenseite der Romantik nur allzu sichtbar. Hier, sagte der Dichter Peter Hacks, dem die Romantik zuwider war, sehe man: Sie altere nicht, sie verschimmele. Das mag, was das Inhaltliche angeht, bisweilen stimmen, aber die kleinen Dörfer sind, sieht man von der gewaltigen Wein-Monokultur ab, immer noch idyllisch, *»eine prunkvolle Vision«* nennt der Schriftsteller Michael von Poser aus Wiesbaden diese Gegend treffend. Er hat ein kleines Buch über den Rheingau geschrieben:

»Der Rheingau kann auch melancholisch sein bis zur Todtraurigkeit. Er wandelt sich, er hat so viele Stimmungen wie sie Menschen haben, die nicht unerschütterlich sind. Wenn vor den verwilderten Rheininseln Boote mit bunten Segeln kreuzen, könnte er den Nil mit seinem Urwald vorspiegeln, denn die Landschaften sind miteinander verwandt.«[49] Das klingt kühn, und ich kann es trotzdem bestätigen: Ich war am Nil und habe in umgekehrter Richtung genau das gleiche gedacht: *Hier ist es ja fast wie am Rhein!*

Folgende Doppelseite: Das Wahrzeichen der Stadt Oestrich-Winkel ist der 1743–44 erbaute historische Rheinkran

Wir reisen heute nicht mehr, wie früher gereist wurde. Wir erwandern uns kaum noch etwas in beschaulicher Ruhe. Damals, denke ich, hat man das Sehen, das Erkennen der Landschaft erlernt, diesen Blick auf besondere Gegenden. Goethe hatte oft einen Zeichner dabei, der das Gesehene in Skizzen festhielt, wenn er es nicht selbst tat. Man beschrieb in Briefen und Tagebüchern, was man sah, heute reicht ein Handyfoto mit SMS: *»Schön hier. Gruß, Herta.«*

Der *Goethestein* in Wiesbaden Frauenstein

Mit nur vierzehn Jahren war Goethe das erste Mal im Rheingau und schrieb und zeichnete, und in seiner Autobiographie *Dichtung und Wahrheit* schreibt er genau über diese Gegend: *»Das Auge war vor allen anderen das Organ, womit ich die Welt erfasste.«*[50]

Seit 1800 war Clemens Brentano mit seinem Freund Achim von Arnim und seiner Gitarre wandernd am Rhein unterwegs, und Clemens war es, der die Loreley erfand – dazu später mehr. Bettina Brentano, seine Schwester, Goethes *»Bettine«*, erwanderte sich Winkel und befreundete sich mit der Dichterin Karoline

49 Michael von Poser, *Der Rheingau*
50 Johann Wolfgang von Goethe, *Dichtung und Wahrheit*

OESTRICH-
WINKEL

518

Karoline von Günderrode
Anonymes Gemälde um 1800

von Günderrode, einem verarmten, sehr gebildeten Adelsfräulein. Die Günderrode schrieb unter dem männlichen Pseudonym *Tian* romantische Gedichte, die erst lange nach ihrem Tod berühmt und geschätzt wurden. Sie eckte an, weil sie nicht dem braven Frauenbild ihrer Zeit entsprach, und sie litt unter dieser engen Frauenrolle und ihrem Talent und Freiheitsdrang ebenso wie unter einer unglücklichen Liebe – im kleinen Ort Winkel, am Rheinufer, stach sie sich am 26. Juli 1806 einen Dolch ins Herz, man fand ihre Leiche am Ufer. Sie liegt in Oestrich-Winkel bei der Kirche St. Walburga auf dem kleinen Friedhof.

Das mir liebste Buch von Christa Wolf, *Kein Ort. Nirgends* erzählt von einer fiktiven Begegnung zwischen der Günderrode und Heinrich von Kleist, auch er ein Unglücklicher, auch er nahm sich – mit nur 34 Jahren – das Leben. Christa Wolf lässt die beiden hier in Winkel am Rhein aufeinandertreffen, was gut möglich gewesen wäre – sie verkehrten ja zur selben Zeit in denselben Kreisen, aber diesen Spaziergang, dieses Gespräch zweier Künstler in einer Gesellschaft, in der sie beide nicht atmen konnten – das hat Christa Wolf fein gesponnen und erfunden, und sie lässt den verzweifelten Kleist denken: »*Wäre das die Frau, vor deren Liebe man keine Angst haben müsste?*« Und sie, die Einsame, liest seine Gedanken und sagt: »*Die Berührung, nach der es uns so unendlich verlangt, es gibt sie nicht.*«[51] Es ist ein wundervoll zartes Buch über zwei, die aufgaben, weil ihnen nicht zu helfen war – das ist die andere Seite der hellen Rheinromantik, die Nachtseite, das Dunkle, das Unerlöste.

Wir suchen das Grab der Günderrode lange, es regnet an diesem Tag in Strömen. Niemand ist auf der Straße – ich will in der kleinen Poststation nachfragen, Tom mit seinem trockenen Witz rät ab: »*Post wird sie wohl keine mehr bekommen.*«

Schließlich finden wir das Grab aber doch. Als Grab einer Selbstmörderin liegt es etwas abseits an der Kirchenmauer, und es steht ein schönes letztes Gedicht auf ihrem Stein, man hat es in ihrem Nachlass gefunden, den Christa Wolf herausgegeben hat:

51 Christa Wolf, *Kein Ort. Nirgends*

»Erde, du meine Mutter
und du, mein Ernährer, der Lufthauch,
Heiliges Feuer, mir Freund,
und du, o Bruder, der Bergstrom,
Und mein Vater, der Äther,
ich sage euch allen mit Ehrfurcht
Freundlichen Dank;
mit euch hab ich hienieden gelebt;
Und ich gehe zur andern Welt,
euch gerne verlassend.
Lebt wohl denn, Bruder und Freund,
Vater und Mutter, lebt wohl.«[52]

Das Grab der Karoline von Günderrode in Oestrich-Winkel

Wir lesen dieses Gedicht, stehen vor ihrem Grab, da sind ihre Lebensdaten: 11. Februar 1780 bis 26. Juli 1806.

Sie ist nur 26 Jahre alt geworden. Und wir sehen uns an: Heute ist der 26. Juli. Ihr Todestag war genau heute vor 211 Jahren, und hier stehen wir. Alles kein Zufall.

Das Brentanohaus ist gut erhalten und schön renoviert, zugänglich für Besucher. Es wurde im 18. Jahrhundert gebaut und Anfang des 19., im Jahr 1804, vom reichen Kaufmann Franz Brentano gekauft, einem Halbbruder von Clemens und Bettina, der es zum Mittelpunkt einer literarischen Gesellschaft machte. Bis 2014 war das Haus im Besitz der Familie, jetzt ist es ein Museum, Am Lindenplatz in Winkel. Hier atmet viel Geschichte.

Durch diese Gegend bin ich früher mit meinem Freund, dem Dichter Wolfgang Deichsel, spaziert, der ein großartiger Autor und Schauspieler und leidenschaftlicher Hesse (aus Wiesbaden) war und der die bitterbösen Komödien des Franzosen Molière ins Hessische übertragen hat. 2009 ist er gestorben, viele Jahre lebte er in der Klause, den Resten eines ehemaligen Benediktinerinnen-Klosters in Johannisberg am Fuß des Johannisberger Schlosses.

»Mon Dieu, wenn ich doch so viel Glauben in mir hätte, dass ich Berge versetzen könnte, der Johannisberg wäre just derjenige Berg, den ich mir überall nachkommen ließe.«[53]

52 Karoline von Günderrode, *Der Schatten eines Traumes*
53 Heinrich Heine, *Reisebilder*

Ich kann Heine gut verstehen! Hier gibt es den wirklich besten Riesling, und das seit über 1200 Jahren, amtlich belegt. Die Spätlese haben sie 1775 »erfunden« – im Schlosshof, wo man sitzen und Wein trinken kann, steht ein Denkmal des »Spätlesereiters« und 1885 haben sie hier auch den ersten Eiswein gemacht. Tatiana Fürstin Metternich, eine russische Prinzessin, durch Heirat mit einem Österreicher zur Metternich geworden, bewirtschaftete lange das Schloss, erfand den Fürst Metternich Sekt und gründete das Rheingau Musik Festival mit. Sie starb 2006 mit neunzig Jahren.

Der Spätlesereiter auf Schloss Johannisberg

Deichsel wusste das alles und kannte sich hier genau aus, kannte jeden Pfad durch die Weinberge, jede Probierstube, und wir waren tagelang kreuz und quer in den Weinbergen unterwegs, sind überall auf ein Gläschen (oder zwei) eingekehrt und ich tänzelte um ihn herum und er hat erzählt und seine immer schwarzen Anzugsjacken flatterten, und wir wurden *»die Bachstelze und die Saatkrähe«* genannt. Er fehlt mir, wie überhaupt das Einzige, das am Altwerden wirklich schlimm ist, nicht etwa Falten und Müdigkeit sind, sondern nur: die Verluste. Dass ich den Rheingau so gut kenne und so sehr liebe, habe ich Wolfgang Deichsel zu verdanken. Zum Abschied schenkte er mir immer einen Strauß Wiesenblumen, in nasses Zeitungspapier gewickelt und mit Paketkordel zusammengebunden. Ich gäbe alle Rosen in meinem Garten für so einen Strauß, noch einmal.

Die meisten Touristen kommen der Weine wegen in den Rheingau – überall Gastwirtschaften, Probierstuben, herrliche Weingüter, Klöster, Schlösser, in denen man sitzen und essen und trinken kann. Heiner Boehncke, Hans Sarkowicz und die Schriftstellerin Eva Demski haben sehr interessante und liebevoll gemachte Bücher über diese so geschichts- und kulturträchtige Gegend geschrieben, über das Kloster Eberbach, das Schloss Johannisberg. Tom und ich lesen, streifen umher, schauen, übernachten fürstlich in einem Schlösschen und trinken viel von diesem schönen Wein – aber: Wir besingen ihn nicht. Das tun andere. Und nicht zu knapp.

»Wenn das Wasser im Rhein gold'ner Wein wär,
ja, dann möcht' ich so gern ein Fischlein sein.
Ei, wie könnte ich dann saufen,
brauchte keinen Wein zu kaufen,
denn das Fass vom Vater Rhein würd' niemals leer.«[54]

Sommernacht am Rhein Gemälde von Christian Eduard Böttcher (Ausschnitt), 1862

Das sang Willy Schneider 1950, und unsere Eltern schunkelten im fast schon wiederaufgebauten Deutschland kräftig mit. Werner Stamm schrieb die Melodie, Heinz Bönninghausen den unsäglichen Text. Und er sang auch dies, geschrieben von Gerhard Jussenhoven (Musik) und Jupp Schlösser (Text):

»Kornblumenblau
ist der Himmel am herrlichen Rheine,
kornblumenblau
sind die Augen der Frauen beim Weine.
Darum trinkt Rheinwein,
Männer seid schlau,
dann seid am Ende auch ihr:
kornblumenblau!«[55]

Soviel aus meiner Akkordeonfibel mit zahllosen Weinliedern, die ich Opa Albert vorspielen musste, als ich sechs Jahre alt war und vom Wein nicht mehr wusste, als dass er sich immer wieder prima auf Rhein reimt. Moselweine, weiß ich heute, sind weitaus schwieriger zu besingen.

Georg Herwegh, doch eigentlich seines Zeichens Revolutionär des Vormärz, aber eben auch Dichter, schrieb 1840 dieses Rheinweinlied, ich habe es gekürzt, denn es ist sehr lang:

Rheinweinlied Illustration von Rudolf Schäfer, 1914

»Wo solch ein Feuer noch gedeiht
Und solch ein Wein noch Flammen speit,
Da lassen wir in Ewigkeit
Uns nimmermehr vertreiben.
Stoßt an! Stoßt an! Der Rhein,

54 *Wenn das Wasser am Rhein gold'ner Wein wär*, 1950. Melodie: Werner Stamm, Text: Heinz Böninghausen, Interpret: Willy Schneider
55 *Kornblumenblau*, 1937. Text: Jupp Schlösser, Musik: Gerhard Jussenhoven, Interpret: Willy Schneider

Das frohe Rheinlieder-Buch
Titelbild des Notenbuches um 1932

Und wär's nur um den Wein,
Der Rhein soll deutsch verbleiben.
Herab die Büchsen von der Wand,
Die alten Schläger in die Hand,
Sobald der Feind dem welschen Land
Den Rhein will einverleiben!
Haut, Brüder, mutig drein!«

Es geht also gegen die Franzosen: Nichts kriegen sie von unserm deutschen Rhein, und schon gar nicht unsern Wein:

»Und wenn ihr Franken kommen wollt,
So lasst vorher euch schreiben:
Hurra! Hurra! Der Rhein,
Und wär's nur um den Wein,
Der Rhein soll deutsch verbleiben.«[56]

Wirtshausromantik

Hat denn Herwegh, der gute Hitzkopf, nie davon gehört, dass auch die Franzmänner guten Wein haben und unsern vielleicht gar nicht brauchen?

Manch einem geht die ewige Rheinweinverherrlichung auch auf den Nerv, ich denke an den Anfang eines reizenden kleinen Liebesromans, den ich mal antiquarisch gekauft habe, *Die unterbrochene Rheinfahrt* von Wilhelm Schäfer, 1913 geschrieben:

»Vor dreißig Jahren, als auf dem Rheinstrom noch die Wirtshausromantik mit Gesang und Böllerschüssen spazieren fuhr, kam mit dem Abendschiff von Bingen abwärts ein junger Basler, der in Bonn studieren sollte und – seit dem Morgen auf der Flucht vor seinem Hauslehrer – diesen Schwall betrunkener Fröhlichkeit viel heftiger als andere empfand.«[57]

Der empfindsame junge Mann landet in einem kleinen Nest am Rhein und verliebt sich für eine Nacht in eine fremde Frau. Kurt Tucholsky hat den Roman unter seinem Pseudonym Peter Panter in der Schaubühne von 1914 liebevoll besprochen. Das zauberhafte kleine Buch, ein wirkliches Fundstück, endet mit dem Absatz:

56 Georg Herwegh, *Rheinlied*
57 Wilhelm Schäfer, *Die unterbrochene Rheinfahrt*

»So kam vor dreißig Jahren ein junger Basler mit dem Dampfer rheinab gefahren, dem der Schaukasten seiner Knabenträume an der Wirklichkeit zerbrochen und dem ein Abenteuer zum Erlebnis geworden war.«

Da haben wir doch alles: den Rhein, den Wein, das Mägdelein, die Sehnsucht und die *Wirklichkeit* des Meister Eckhart aus Straßburg. Nicht zu vergessen das hinreißende Bild vom *Schaukasten seiner Knabenträume* …

Die Wirtshausschiffe fahren immer noch mit Lärm über den Rhein, aber heute heißen sie Discoschiff, und es werden keine Rheinlieder mehr gesungen, sondern das humphta, humphta, humphta der DJs stampft bis zu mir herauf in den Garten. Laut ist das neue Lieblich. Und es wird auch eher gesoffen als getrunken.

»Bekränzt mit Laub den lieben vollen Becher,
und trinkt ihn fröhlich leer.
In ganz Europia, ihr Herren Zecher,
ist solch ein Wein nicht mehr.«[58]

Damit können wir das Thema Wein erst mal bei Seite schieben, denn Rüdesheim, der Schrecken aller Schrecken, die Drosselgasse in Rüdesheim – das kommt ja erst noch. Und da müssen wir sehr, sehr tapfer sein. Sie können bis dahin schon mal zu singen anfangen:

»Sitz ich in froher Zecher Kreise und nehm das volle Glas zur Hand / trink ich nach alter deutscher Weise und nippe nicht nur an dem Rand. / Die Väter haben's uns gelehrt, wie man die vollen Humpen leert! / Denn die alten Deutschen tranken ja auch, sie wohnten am Ufer des Rheins / und lagen auf der Bärenhaut und tranken immer noch eins / noch eins! Noch eins! Immer noch eins!«[59]

Weinstubenschild in Bingen

Folgende Doppelseite: Schloss Biebrich in Wiesbaden

58 Matthias Claudius, *Rheinweinlied*
59 Ludolf Waldmann, *Die alten Deutschen tranken ja auch*

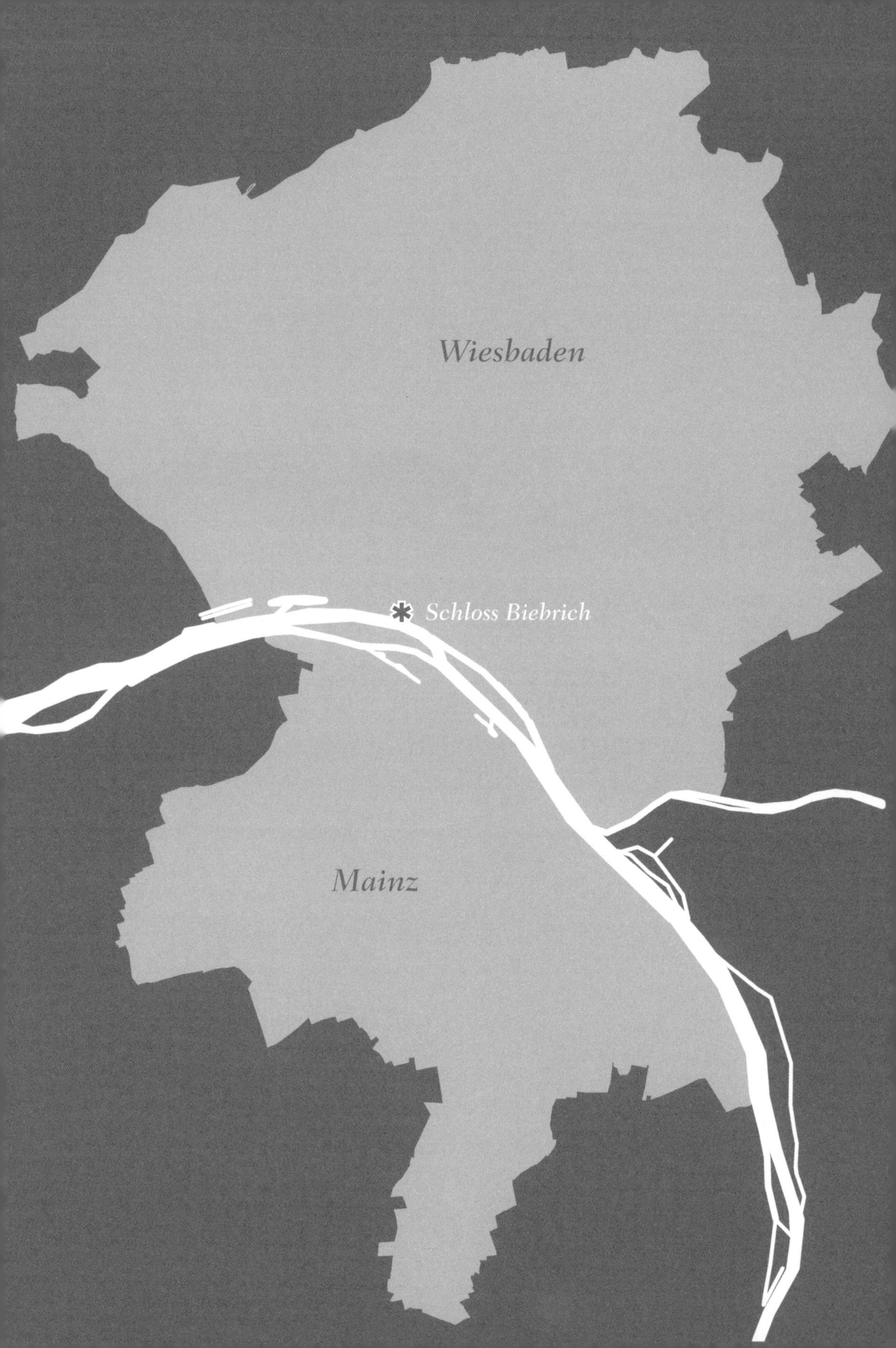
Wiesbaden
Schloss Biebrich
Mainz

Mainz und Wiesbaden

Mainz
Gemälde von
William Turner
(Ausschnitt),
1817

Es wird deutlich voller auf dem Rhein. Neben Frachtschiffen und Lastkähnen tauchen jetzt schon Yachten, Ruderboote, Kanus auf. Wir tuckern bei Rheinkilometer 500 an Mainz und Wiesbaden vorbei, beide Städte kenne ich von meiner Arbeit – früher beim ZDF in Mainz auf dem Lerchenberg, und in Wiesbaden, dem »Bad in der Wiese«, arbeite ich noch heute für die Oper, die Uwe Eric Laufenberg mit enormer Leidenschaft und künstlerischen Glanzlichtern leitet, so wie er es früher in Köln getan und die Oper zur »Oper des Jahres« hochgeschossen hat. Man hat ihn vertrieben, Köln mag nicht gern, wenn es übers Mittelmaß hinausgeht. Nun fahre ich alle paar Wochen im Jahr am Rhein entlang nach Wiesbaden, mache Einführungen zu Opern, sehe mir Proben und Aufführungen an und bin immer glücklich in dieser herrlichen Umgebung (mit den vielen Sektkellereien!). Wiesbaden erinnert mich an Baden-Baden, wo ich siebzehn Jahre lebte. Man sieht hier viel altes und neues Geld, das alte – prächtige Fürstresidenzen und gediegene Bürgerhäuser – ist immer irgendwie schöner. Diese eleganten, nicht zu großen Kurstädte haben eine ganz besondere Souveränität und Lebensart. Wiesbaden ist mit seinen fünfzehn Thermal- und Mineralquellen eines der ältesten Kurbäder Europas, und viele schöne Prachtbauten sind zu bewundern – hier wurde im Krieg nur wenig zerstört, was soll man an einem Kurbad schon groß bombardieren? Wiesbaden ist reich. Die Fürsten Nassau haben prächtig gebaut und investiert, hier wohnen sichtbar: Millionäre. Mein Vater, kein Millionär, sondern Automechaniker bei der Wehrmacht und später mit Tankstelle in Essen, hatte in Wiesbaden ein paar Tage Urlaub vom Krieg – im Mai 1942. Meine Mutter fuhr aus dem Ruhrgebiet zu ihm, und da muss es eine der wohl eher seltenen

Liebesnächte zwischen ihnen gegeben haben – das Ergebnis war ich im Februar 1943, zwar nicht hier geboren, aber irgendwie ja doch: Wiesbadenerin.
Am anderen Rheinufer liegt das gute alte Mainz, das uns die Buchdruckerkunst beschert hat und das die Franzosen bei ihren beiden Besatzungen im 18. und 19. Jahrhundert elegant *Mayence* genannt haben. Mainz wurde schon 782 Erzbistum, und im Hochmittelalter hielt Barbarossa hier Hof. Und Friedrich II. wurde hier 1212 zum Kaiser des Heiligen Römischen Reiches gekrönt, und denken Sie ja nicht, dass ich sofort weiß, was für ein Friedrich das war. Barbarossa war es jedenfalls nicht, das war ein Friedrich I., und als ich unter Friedrich II. nachschlug, stieß ich auf Anhieb erst mal auf 44 Friedriche, die alle II. waren – ob von Luxemburg, Dänemark, Sizilien oder Anhalt, Grafen, Herzöge, Fürsten –, aber der wichtigste war natürlich der Preuße, der Große. Unsern Mainzer Staufenkaiser Friedrich kenne ich aber trotzdem aus der Literatur: Walther von der Vogelweide hat ihn gerühmt als gebildet, gütig, großherzig. Warum? Weil dieser Friedrich ihm endlich das lange auch von andern Fürsten erflehte Lehen gegeben hat, sodass Walther sesshaft werden konnte.

Walther von der Vogelweide

Ich hân mîn lêhen, al die werlt, ich hân mîn lêhen.
nû enfürhte ich niht den hornunc an die zêhen,
und wil alle bœse hêrren dester minre flêhen.
der edel künec, der milte künec hât mich beraten,
daz ich den sumer luft und in dem winter hitze hân.
mîn nâhgebûren dunke ich verre baz getân:
si sehent mich niht mêr an in butzen wîs als sî wîlent tâten.
ich bin ze lange arm gewesen ân mînen danc.
ich was sô voller scheltens daz mîn âten stanc:
daz hât der künec gemachet reine, und dar zuo mînen sanc.

In der fabelhaften Übersetzung von Hans Böhm heißt das so:
»Ich habe mein Lehen, ihr alle, ich habe mein Lehen! Nun fürchte ich nicht, den Hornung an die Zehen zu bekommen,

und nehme mir vor, alle geizigen Herren umso weniger anzugehn. Der großmütige König, der gütige König hat mich versorgt, so dass ich es den Sommer über luftig und im Winter warm habe. Meinen Nachbarn komme ich jetzt weit hübscher vor: sie sehen mich nicht mehr wie früher an, als sei ich ein Schreckgespenst. Ich bin zu lange, leider, arm gewesen. Ich war so voller Schmähsucht, dass mein Atem stank. Das alles hat der König rein gemacht und obendrein mein Singen.«[60]

Das Gutenberg-Denkmal in Mainz

Der Welfenkaiser Otto IV., den Walther von der Vogelweide vorher vergeblich um so ein Lehen gebeten und der es ihm aus Geiz verweigert hat, kriegt dazu von Walther, der nicht nur Minnesang schrieb, sondern auch austeilen konnte, ordentlich auf die Nuss: »*Herr Otto, ihr seid der schlechteste Mann*«. Solche Sachen waren die Highlights in meinem mühseligen Germanistikstudium, alte Abteilung. Die Intendanten des ZDF, die heutigen Mainzer Kaiser, kommen in der Literatur gemeinhin nicht vor.

Den ganzen Rhein entlang zieht sich die Verbindung von weltlicher und kirchlicher Macht, er war immer schon weit mehr als nur Handelsstraße. Manchmal haben die Kaiser den Fluss spöttisch »*die Pfaffengasse*« genannt, weil am Rhein acht große Bischofssitze lagen. Macht und Ideen und Bücher und Soldaten zogen über den Rhein und durch seine Städte, und man sieht es ihnen an – Schlösser und Parks, Festungen und Garnisonen, Denkmäler, Prachtbauten, gewaltige Dome. Und als die Kaiser und Bischöfe weniger wurden, kamen die Geld- und Industriebarone und bauten ihre nachts leuchtenden Geisterstädte.

Die zweifarbigen Straßenschilder in Mainz

In Mainz, am Zusammenfluss von Main und Rhein prächtig gelegen, gibt es noch etwas, das in besonderem Bezug zum Rhein steht, und das sind die Straßenschilder: Straßen mit roten Schildern verlaufen senkrecht zum Rhein und in Richtung Rhein werden die Nummern höher, Straßen mit blauen Schildern verlaufen parallel und mit dem Flusslauf steigt die Hausnummer. Kleine Straßen, die kreuz und quer nicht eindeutig verlaufen, haben weiße Schilder. Die Idee ist so liebevoll wie grandios: Beim

60 *Die Gedichte Walthers von der Vogelweide*

Gegenüber:
Das Wahrzeichen der Stadt Eltville, die Kurfürstliche Burg

Spaziergang durch Mainz weiß ich immer ganz genau, wo der Rhein gerade fließt.

Vom Schiff aus sehen wir am Ufer Reiher, Kormorane, Schwäne, Gänse, Enten. Und die Wolken sehen so weich aus wie die, auf die sich Raffaels Engelchen stützen. Und schon kommt wieder ein Containerhafen. Alles ändert sich dauernd, ja: alles fließt.

Der kluge Friedrich List, Vater der Nationalökonomie, rief 1850 begeistert aus: »*Das Wort Rhein ist Leben; das Wort Rhein ist Größe; das Wort Rhein ist Macht und Kraft … O dass ich ein Gleichnis finden könnte, erhaben genug, Ihnen anschaulich zu machen, was die Rheinlande dem Deutschen sind! Doch halt – ich hab's –, das Land am Rhein, meine Herren, ist des deutschen Ochsen Lendenstück und der Nordosten die halb ungenießbare, halb magere, rauhe Zugabe des kargen Fleischers … Ein einziges Rheinland, meine Herren, wiegt zehn Alt- und Uckermarken auf.*«[61]

Thomas Coryate

Einer der allerersten Globetrotter und sozusagen Vater aller Rheinliteratur ist der Engländer Thomas Coryate (1577–1617), der über eine Rheinfahrt von Mainz nach Köln Wundersames zu berichten weiß:

»*Es herrschte ein seltsamer Brauch auf diesen Rheinschiffen zwischen Mainz und Köln und auch weiterhin zwischen Köln und den Niederlanden. Jeder, ob arm oder reich, muss sich, wenn die Reihe an ihn kommt, schwer abplagen, er sollte denn mit dem Schiffer gut Freund sein oder sich mit einer kleinen Summe Geldes loskaufen: denn es ist Sitte, dass die Fahrgäste paarweise zum Rudern antreten, und der Schiffer, dessen Pflicht es meiner Meinung nach wäre, sich entweder selbst dieser Mühe zu unterziehen oder aber jemanden für diese Arbeit anzustellen, rudert nur, wenn die Reihe an ihn kommt. Ich muss ja zugeben, dass diese körperliche Betätigung erholsam und auch der Gesundheit zuträglich ist. Doch dazu gezwungen zu werden, wenn man für seine Fahrt bezahlt hat, das verdarb mir die Laune.*«[62]

Wie gut haben wir es auf unserer *Rheinmelodie* – wir trinken Rosé, und der ukrainische Kapitän und jede Menge Diesel machen die ganze Arbeit für uns.

61 *Der Rhein in Mythen, Märchen und Erzählungen*
62 zit. nach Rainer Wieland, *Das Buch der Deutschland-Reisen*

KD Köln-Düsseldorfer

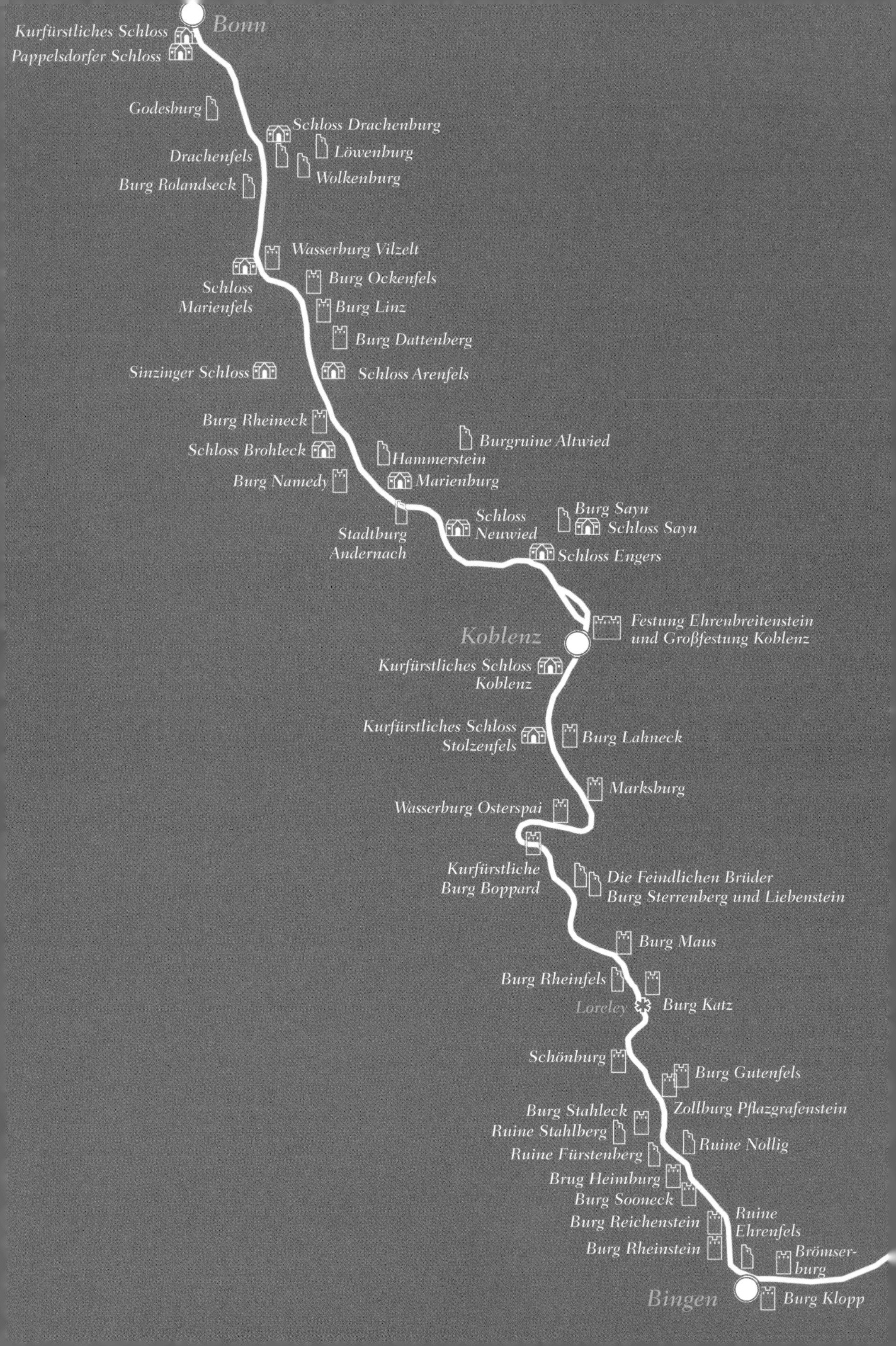
Bonn
Kurfürstliches Schloss
Pappelsdorfer Schloss
Godesburg
Schloss Drachenburg
Löwenburg
Drachenfels
Wolkenburg
Burg Rolandseck
Wasserburg Vilzelt
Burg Ockenfels
Schloss
Marienfels
Burg Linz
Burg Dattenberg
Sinzinger Schloss
Schloss Arenfels
Burg Rheineck
Burgruine Altwied
Schloss Brohleck
Hammerstein
Burg Namedy
Marienburg
Burg Sayn
Schloss
Neuwied
Schloss Sayn
Stadtburg
Andernach
Schloss Engers
Festung Ehrenbreitenstein
und Großfestung Koblenz
Koblenz
Kurfürstliches Schloss
Koblenz
Kurfürstliches Schloss
Stolzenfels
Burg Lahneck
Marksburg
Wasserburg Osterspai
Kurfürstliche
Burg Boppard
Die Feindlichen Brüder
Burg Sterrenberg und Liebenstein
Burg Maus
Burg Rheinfels
Loreley
Burg Katz
Schönburg
Burg Gutenfels
Zollburg Pflazgrafenstein
Burg Stahleck
Ruine Stahlberg
Ruine Nollig
Ruine Fürstenberg
Brug Heimburg
Burg Sooneck
Ruine
Ehrenfels
Burg Reichenstein
Burg Rheinstein
Brömser-
burg
Bingen
Burg Klopp

Die Burgen

Marksburg bei Nacht

Wenn ich richtig gezählt habe, liegen hier auf den Hängen des Mittelrheins achtunddreißig Burgen und Schlösser rechts- und siebenundzwanzig linksrheinisch, alle etwa zwischen dem 11. und 15. Jahrhundert erbaut, teils renoviert und von reichen Menschen, Industriebaronen oder TV-Heroen gekauft und vielleicht sogar bewohnt. Auch die Burgen- und Schlösserverwaltung hat ihren Sitz hier, in einer der prächtigsten Burgen von allen, der Marksburg, und zwar schon seit 1899. Hinter der Marksburg ragen die drei imposanten Schornsteine der Blei- und Silberhütte Braubach auf, die die Gegend hier lange verpestet haben. Die großen prächtigen Burgen liegen oft über winzig kleinen Örtchen, fast Straßendörfer, denn hier kommen die Felsen nah ans Wasser, es gibt kein Hinterland. Die adretten Häuschen stehen in Reih und Glied am Ufer und zeigen, wo die Bausparverträge der 60er- und 70er-Jahre geblieben sind. Im 11. Jahrhundert baute man üppiger.

Man fährt mit dem Schiff durch das nun schmal werdende Rheintal, rechts und links Berge, teils mit struppigem Wald, teils mit Wein begrünt, und auf wirklich jedem Hügel: ein Schloss oder eine Burg; man kann sich all die Namen gar nicht merken und man ist sowieso viel zu schnell an allen vorbei, hui, da kommt schon die nächste, und hängen bleiben immer bloß die berühmtesten: Drachenfels, Burg Katz, Burg Maus, die Feindlichen Brüder, die Marksburg.

Das war Tom und mir zu wenig – an einem sonnigen Julitag sind wir die Strecke mit dem Auto am Rhein entlang noch mal abgefahren. Eigentlich wollte ich mich über die ganze patriotische Schlösser- und Burgenseligkeit lustig machen – was sollen uns diese albernen, aus der Zeit gefallenen Raubritterruinen –, aber ich kann nicht.

Burg Rheinstein
Gemälde von Sanford Robinson Gifford, 1872

Es ist einfach alles zu schön. Ja: Am Rhein ist es wirklich schön, ich habe jeden Widerstand aufgegeben und mich gefreut und gestaunt. Erst recht, seit ich im WDR einen Film sah, der mich darüber aufklärte, dass seltene und unglaublich zahlreiche Tier- und Pflanzenarten da oben in diesen Ruinen, die wie faule Zähne auf den Gipfeln rumstehen und die ich immer gern mal abgerissen hätte, glücklich und unbelästigt hausen und artgerecht leben – Fledermäuse, Eulen, Schlangen, Eidechsen, an die 150 Falterarten, Mäuse, seltenste Vögel –, solche geschützten alten Mauern mit Ecken und Ritzen und Nischen sind ein Biotop der Freude.

Einige der Burgen sind ausgebaut, renoviert, bewohnt. Ich erinnere mich an den Immobilienmillionär und Burgenkönig Herbert Hillebrand, der für seine vierzehn Kinder siebenundzwanzig Schlösser und Burgen gekauft hat, viele davon am Rhein. (Wieso nur siebenundzwanzig? Hat eines der vierzehn Kinder etwa nur eine Burg gekriegt und alle anderen zwei?) Aber Hillebrand besaß ja auf dem Höhepunkt seines Imperiums einhundertfünfunddreißig Immobilienobjekte, darunter eben siebenundzwanzig Schlösser und Burgen und dreitausendachthundert Mietwohnungen – es wird schon jeder versorgt worden sein. Aber wie das oft so ist, wenn es zu viel ist: Auf dem Höhepunkt angekommen, ging es alsbald bergab, Liquiditätsengpässe, zu teure Sanierungen, Strafen wegen Bauverzögerungen, Steuerschulden – Hillebrand musste verkleinern, verkaufen, bekam eine Bewährungsstrafe, fing neu an. Fünfzehn Burgen hält er noch, und ich habe ihn im Interview gesehen: Ein sympathischer und sehr sozialer Mann, kein Kapitalistenbösewicht, aber wohl doch ein bisschen verrückt.

Ich würde, trotz Rheinblick, so eine Burg nicht geschenkt haben wollen. Kalt! Finster! Alles zerbröselt! Verliese! Schaurige Keller! Blut an den Wänden! Zu hoch oben! Backen Sie mal Kuchen und stellen fest: Backpulver vergessen, also den ganzen Berg bei Eis und Schnee wieder runter …

Aber hier spricht die Hausfrau. Natürlich ist so eine Burg hochromantisch, und eine von einem reichen Mann bewohnte habe ich mal von innen gesehen – da hätte man sogar leben können, wenn nicht alles so stil- und geschmacklos »renoviert« und also zerstört worden wäre. Aus einer alten Hauskapelle ein Klo mit Gemälde des Hausherrn zu machen, das muss einem einfallen.

Und ich gebe es durchaus zu: Obwohl ich vieles jetzt mehr schätze als vor unserer Reise, mein Ding sind diese Burgen nicht. Das mag auch mit dem symbolisch aufgeladenen Nationalbewusstsein zu tun haben, das sich hier überdeutlich, überdeutsch präsentiert. Poesie, Tourismus, Geschichte, Politik – das verbandelt sich in romantischer Phantasie allzu verwirrend. Ich halte es mit Marie Luise Kaschnitz: *»Der Rhein wird mir lieb, wenn er sich aus dem Burgenzauber herauswindet, breit, niederrheinisch schön, ein Strom.«*[63]

Mary Shelley
Gemälde von Richard Rothwell, 1840

Die kluge und fleißig Tagebuch und Briefe schreibende Mary Shelley machte sich 1840 Gedanken über das Leben in solchen Burgen:

»Was für ein Leben haben die Bewohner dieser abbröckelnden Ruinen einst geführt! Das Tagewerk der Männer war der Krieg und das der Frauen Hoffen, Bangen, Beten und Sticken. (…) Die Dame, die zu Hause auf ihren Mann wartete, zitterte entweder vor Angst oder vertrieb sich während seiner Abwesenheit die Langeweile so gut sie konnte und war glücklich, wenn es nicht den Tod oder den Kerker zur Folge hatte. Die jungen Leute schauten von den Hügeln hinab und stellten sich vor, welche Freuden sie erwarten würden, wenn sie in Länder jenseits ihrer Berge entkommen könnten. Derweil schuftete unten im Tal der Bauer und wäre viel glücklicher gewesen als sein Grundherr – ohne das Elend der Kriege, deren Schauplatz diese Gegend ständig war.«[64]

Die Burgen – würde ich sie jetzt alle aufzählen, bliebe Verwirrung. Man sollte, wenn man Burgen mag, einfach am Rhein entlang fahren – linksrheinisch mit dem Zug, gemächlich mit dem Schiff, mit dem Auto, und schauen und sich daran erfreuen. Auf der Marksburg können alte Foltergeräte besichtigt werden, Richard Nixon, Freund des Waterboardings, war auch mal

63 Marie Luise Kaschnitz, *Orte*
64 Mary Shelley, *Streifzüge durch Deutschland und Italien*

Burg Katz

Burg Maus

da und auf der japanischen Insel Miyako-jima, auch das »Hawaii Asiens« genannt, steht eine 1:1 getreue Nachbildung der Marksburg; Gerhard Schröder war schon dort. Statt auf die linke Rheinseite schaut man auf ein Korallenriff. Burg Katz, eigentlich Burg Katzenelnbogen nach dem Grafengeschlecht *derer von*, hat vor einigen Jahren für mehr als vier Millionen tatsächlich ein Japaner gekauft, seitdem kann man sie nicht mehr besichtigen, und Burg Maus direkt nebenan war mal Sitz eines Erzbischofs, hieß eigentlich St. Peterseck und wurde von den Grafen Katzenelnbogen der Burg Katz spöttisch *Burg Maus* genannt, weil sie kleiner war – eben ein Mäuschen, der Name blieb hängen. Burg Liebenstein und Burg Sterrenberg, rechtsrheinisch bei Kamp-Bornhofen gelegen und spektakulär durch eine Mauer getrennt, nennt man auch die »Feindlichen Brüder«: Einen Familienkrach soll es gegeben haben, kommt ja auch bei Rittern vor, und darum die Mauer; von Waffengewalt weiß man aber nichts, nur eben von Mauerschikane, seit 1300 soll die Mauer da stehen, seit 1600 sind beide Rittergeschlechter erloschen. Und Heinrich Heine hat daraus in seinem *Buch der Lieder* diese schöne Ballade gemacht:

Oben auf der Bergesspitze
Liegt das Schloss in Nacht gehüllt;
Doch im Tale leuchten Blitze,
Helle Schwerter klirren wild.

Das sind Brüder, die dort fechten
Grimmen Zweikampf, wutentbrannt.
Sprich, warum die Brüder rechten
Mit dem Schwerte in der Hand?

Gräfin Lauras Augenfunken
Zündeten den Brüderstreit.
Beide glühen liebestrunken
Für die adlig holde Maid.

Porträt vor Rheinlandschaft
Heinrich Heine, Farbdruck nach einer Zeichnung von Richard Pfeiffer, 1905

Welchem aber von den beiden
Wendet sich ihr Herze zu?
Kein Ergrübeln kanns entscheiden
Schwert heraus, entscheide du!

Und sie fechten kühn verwegen,
Hieb auf Hiebe niederkrachts.
Hütet euch, ihr wilden Degen,
Böses Blendwerk schleicht des Nachts.

Wehe! Wehe! blutge Brüder!
Wehe! Wehe! blutges Tal!
Beide Kämpfer stürzen nieder,
Einer in des andern Stahl.

Viel Jahrhunderte verwehen,
Viel Geschlechter deckt das Grab;
Traurig von des Berges Höhen
Schaut das öde Schloß herab.

Aber nachts, im Talesgrunde,
Wandelts heimlich, wunderbar;
Wenn da kommt die zwölfte Stunde,
Kämpfet dort das Brüderpaar.[65]

Wehe, wehe, nichts ist wahr, doch Heine reimt so wunderbar.

Schon die nette rheinische Dichterin Adelheid von Stolterfoth mit dem weichen Doppelkinn reimte 1832 in ihrer Ballade *Rheinisches Leben*:

»Wir erbten manche Sage
Und glaubten sie getreu,
wer wagt die schnöde Frage,
ob sie wohl Wahrheit sei?«[66]

65 Heinrich Heine, *Zwei Brüder*
66 Adelheid von Stolterfoth, *Rheinisches Leben*

Auf Burg Sterrenberg gibt es übrigens einen Frauenturm, in dem sich zwei Kemenaten befinden, die man mieten und in denen man als Burgfräulein schlafen kann. Vielleicht kommt ja ein Ritter geritten und ruft: *»Rapunzel, Rapunzel, nun lass doch mal dein Haar herunter!«* Da hätte ich ganz schlechte Karten.

Die Burg Pfalzgrafenstein in Kaub

Burg Lahneck
Farblithografie nach Aquarell von Carl Philipp Christian Köhler (Ausschnitt), 1873

Die Pfalzburg bei Kaub, genauer: die Burg Pfalzgrafenstein, die mitten im Rhein schön angemalt und angestrahlt auf der Felseninsel Falkenau liegt, war nie bewohnt. Sie wurde errichtet, um Zölle einzutreiben, heute sind es Zölle in Form von touristischen Eintrittsgeldern. Auch das prächtig renovierte Schloss Stolzenfels oben überm Rhein kann man besichtigen – Filzpantoffeln werden gestellt, und ihm gegenüber liegt an der Mündung der Lahn in den Rhein die Burg Lahneck, zu der es eine Schauergeschichte gibt: Die 17-jährige Touristin Idilia Dubb aus Edinburgh soll dort 1851 verdurstet sein, nachdem sie auf dem Turm herumgeklettert und mit einer morschen Treppe abgestürzt war. Die trostlosen Eltern suchten lange, fuhren dann ohne ihre Tochter nach Schottland zurück, das Skelett und ein Tagebuch über die schrecklichen letzten Lebenstage wurden erst Jahre später bei der Renovierung gefunden. Achten Sie auf Treppen, wenn Sie da herumstromern. Ach so, Sie haben sowieso das Handy dabei – na, dann kann ja nichts passieren.

Viele der Burgen und Schlösser bieten gehobene Gastronomie und Gemächer für Prachthochzeiten oder ähnlich wichtige Ereignisse an. Nur zu. Wofür haben wir all das. Und wenn wir auf dem Schiff unten vorbeifahren an all der Pracht, müssen wir keine Zölle mehr bezahlen. Das haben Bischöfe und Landesfürsten früher reichlich eingefordert, und es war gar nicht so einfach, mit den Schiffen durch dieses enge Rheintal voller Stromschnellen, Untiefen und Unwägbarkeiten zu kommen – oft mühten sich bis zu vierzig vorgespannte Pferde auf dem Leinpfad am Ufer, so ein beladenes Schiff sicher durch das Binger Loch zu bringen, aber schon der Leinpfad war eine gefährliche und ungemütliche Angelegenheit. Heute: Was man wegsprengen konnte, ist weggesprengt, wer zur Loreley hochguckt und die blonde Dame sucht, kann das tun, er wird nicht absaufen, es sei denn, er hat vorher zu viel Rheinwein getrunken. Das Binger Loch übrigens hat für Schiffer auch heute noch eine besonders schmale Fahrrinne; früher sprach der Schiffer hier ein Gebet. Das war, ehe der große Lorchstein 1832 mit Schwarzpulver mühsam Stück für Stück aus der Fahrrinne gesprengt wurde. Das Binger Loch wurde verbreitert und entschärft, und auf der linken Rheinseite erinnert an der Bundesstraße 9 ein Denkmal an diese mutige und schwere Arbeit:

»An dieser Stelle des Rheins verengte ein Felsenriff die Durchfahrt. Vielen Schiffen ward es verderblich. Unter der Regierung Friedrich Wilhelm III., König von Preußen, ist die Durchfahrt nach dreijähriger Arbeit auf 210 Fuß, das Zehnfache des früheren, verbreitert worden. Auf gesprengtem Stein ist dieses Denkmal errichtet, 1832.«

Später musste nachgebessert und noch weiterer Fels weggesprengt werden, dadurch sank im Rheingau der Wasserspiegel, also musste man dort wieder mit Stauungen und Buhnen nachhelfen – so ein Fluss, wenn man ihn erst mal in die Zange nimmt und ihn nicht einfach fließen lässt, wie er will, wenn man ein Arbeitstier und eine Geldmaschine, einen Verkehrsweg und eine Handelsstraße aus ihm macht, muss eben immer wieder streng rangenommen werden. Er erträgt auch das.

Übrigens hat man etwa hier seit den späten 80er-Jahren angeblich zwanzig Millionen Lachse ausgesetzt – das Wasser ist gut genug, aber wegen des vielen Verkehrs und der Schleusen schaffen es die meisten nicht zu den Laichplätzen.

Mitten im Rhein vor dem Binger Stadtteil Bingerbrück steht auf einem Stück Felsen der berühmte Mäuseturm, fünfundzwanzig Meter hoch, achthundert (oder sogar mehr) Jahre alt, gruselig die Sage dazu: Der hartherzige Mainzer Erzbischof Hatto, das war etwa im 10. Jahrhundert, gab der Bevölkerung bei einer Hungersnot nichts zu essen, hat sie im Gegenteil in eine Scheune gelockt, eingesperrt, verspottet, und schließlich lebendig verbrannt. Daraufhin kamen Tausende von Mäusen durch alle Ecken und Ritzen gekrochen, der Bischof floh per Kahn in den

Ruine Stolzenfels
Gemälde von Anton Ditzler, 1831

Turm auf dem Wasser, die Mäuse folgten ihm und fraßen ihn bei lebendigem Leibe auf.

Der Binger Mäuseturm

Boppard am Rhein

Soweit die Sage. Der romantische Rhein hat viele davon, aber natürlich ist das alles nicht wahr: Der Name Mäuseturm kommt von *muta*, lateinisch für Wegezoll, es war ein Maut- und kein Maus-Turm. Die andere Geschichte erzählt sich aber besser. Zu vielen Burgen wurden von emsigen rheinreisenden Dichtern Sagen und Mythen frei ersonnen. Noch ein lateinisches Wort: Der Bopparder Hamm kommt von *hamus*, Haken, hier macht der Rhein – etwa zwölf Kilometer südlich von Koblenz – eine gewaltige Schleife, er schlägt quasi einen Haken, und dadurch kriegen die Weinhänge plötzlich Südlage, der Hunsrück hält den Westwind ab, der Rhein speichert die Wärme und der Schieferboden reflektiert die Sonne. Hier wachsen etwa 600 000 Liter edles Gesöff pro Jahr, man kann auf Weinwanderungen probieren, kommt dann allerdings nicht wirklich weit. Aus Holzfeld bei Boppard, inzwischen eingemeindet, stammt übrigens Erwin Bach, der Mann von Tina Turner. Da ich Erwin schon jahrelang kannte, lernte ich dann auch seine berühmte Frau kennen, sie wohnten in Köln lange in meinem Stadtteil, und Tina Turner erzählte mir begeistert, wie sie bei Erwins Eltern in Boppard Krebbelcher gegessen hat. Krebbelcher sind da Reibekuchen – durchaus etwas Besonderes für ein einfaches Mädchen aus Nutbush/Tennessee, das ein Weltstar wurde. Andernach, ganz in der Nähe (da sagt man Kribbelsche, und Weihnachten heißt Kreßdaach, Tisch ist Deesch und Pferd ist Pääd) – Andernach wiederum, linksrheinisch nahe der Mündung der Nette gelegen (auch eine Rheintochter!), Andernach also endlich ist eine sehr sympathische Stadt, es ist die *essbare Stadt*. Ich war mal da und habe mich gefreut: Auf allen Grünflächen an der Stadtmauer oder am Rande von Parks werden Kräuter, Obst, Tomaten, Gemüse angepflanzt, von allen, die Lust haben, gepflegt, von allen, die mögen, und geerntet. Man holt sich alles Nötige für die Kartoffelsuppe einfach umsonst an der Stadtmauer, wo normalerweise Unkraut wuchern würde – ist das nicht herrlich? Kleine

Städte kriegen sowas hin, und das lange vor dem neuen Trend des *urban gardening*. Andernach hat noch eine Attraktion: einen Kaltwassergeysir, der etwa alle zwei Stunden ausbricht und dabei sechzig Meter hoch Wasser aus der Erde schießt, angetrieben von vulkanischem Kohlenstoffdioxid. Acht Minuten dauert so ein Ausbruch. Was macht man mit kaltem Wasser, das in die Luft schießt wie aus einer geschüttelten Sprudelflasche? Naturschutzpark, Geysirzentrum, Kaffee und Kuchen.

Essbare Bepflanzung am Stadtgraben in Andernach

Im Talkessel von Bingen bis Koblenz kann der Rhein nicht raus aus seinem Bett. Er mäandert rund siebzig Kilometer vorwärts im engen Tal, von Felsen, Klippen und Burgen eingerahmt wie eingezwängt, und die ganze Welt kommt angereist, um dieses Stück zu bestaunen. Das ist der romantische Rhein, eben der mit all den Burgen. Wobei die Ruinen letztlich nur romantische Fetische sind – sie waren Zwingburgen und Zollstationen, sonst nichts.

Heinrich von Kleist schreibt über diese Gegend am 18. Juli 1801 aus Paris an Karoline von Schlieben:

»Doch der schönste Landstrich von Deutschland, an welchem unser großer Gärtner sichtbar con amore gearbeitet hat, sind die Ufer des Rheins von Mainz bis Koblenz, die wir auf dem Strome selbst bereiset haben. Das ist eine Gegend wie ein Dichtertraum, und die üppigste Phantasie kann nichts Schöneres erdenken, als dieses Tal, das sich bald öffnet, bald schließt, bald blüht, bald öde ist, bald lacht, bald schreckt. Pfeilschnell strömt der Rhein heran von Mainz und gradaus, als hätte er sein Ziel schon im Auge, als sollte ihn nichts abhalten, es zu erreichen, als wollte er es ungeduldig auf dem kürzesten Wege ereilen.«[67]

Heinrich von Kleist
Zeichnung von Peter Friedel

Sie fanden ihn enorm romantisch, unsern, ihren Rhein, die deutschen Dichter des beginnenden 19. Jahrhunderts, aber die ersten, die einen Massentourismus daraus machten – das waren nicht die Deutschen, trotz Goethe, Kleist und Hölderlin –, das waren die Engländer. Bei denen ist es ja auch meist grau und trübe und es regnet immer und guten Wein gibt es auch nicht, also, auf nach Italien, Griechenland, Frankreich, in die

67 Heinrich von Kleist, *Sämtliche Briefe*

Schweiz und eben auch: an den Rhein, zu Ruinen und Empfindsamkeit.

Lord Byron war der erste sehr berühmte Gast. 1812 besingt er in seinem Versepos *Childe Harold's Pilgrimage* diese Landschaft und ihre Geschichte. Und als dann ein Jahr später Englands berühmtester Maler William Turner das alles in Skizzen festhielt und wunderbare Rheingemälde schuf, war der Boom losgetreten.

Lord Byron
Illustration von Max Beerbohm, 1904

Wie schön die Flut sich durch das Thal ergießt!
Sank nicht der Himmel auf die Erde nieder?«[68]

In Goethes *Faust II* fragt Mephisto während der Walpurgisnacht im 2. Akt die Sphinx:

»Sind Briten hier? Sie reisen sonst so viel,
Schlachtfeldern nachzuspüren, Wasserfällen,
gestürzten Mauern, klassisch-dumpfen Stellen;
Das wäre hier für sie ein würdig Ziel.«[69]

Also, die Briten waren da, zunächst nur ein paar Künstler, dann alle, zumal das erste deutsche Dampfschiff, das ab 1816 den Rhein befuhr, in England gebaut worden war. Zuerst kamen die Dampfschiffe, dann die Eisenbahn. Ab 1827 gab es bereits einen täglichen Schiffsverkehr zwischen Mainz und Köln, und die *Preußisch-Rheinische Dampfschifffahrt-Gesellschaft* beförderte 1827 schon achtzehntausend Passagiere, von denen die Hälfte Briten waren. Zwanzig Jahre später waren es bereits eine Million. Weshalb kamen sie?

Zunächst ging es noch um den Hauch des Romantischen, dann auch um Bildung höherer Stände: Den Rhein musste man einfach gesehen haben, vor allem diesen Teil des Rheins, der so viele historische Schauplätze bietet, nicht nur an den Ufern, Ruinen sind ja auch noch reichlich im Hinterland, was die meisten Reisenden heute gar nicht wissen. Gut so, Uhus, Eulen, Fledermäuse bleiben weitgehend unter sich. Und das Wein-

68 Lord Byron, *Ritter Harolds Pilgerfahrt*
69 Johann Wolfgang von Goethe, *Faust II*

hähnchen singt ungestört – das Weinhähnchen ist eine kleine Grille, drü-drü-drü, so geht das hier die ganze Nacht, aus Liebe, aus Liebe. Und daraus entstehen wieder Sagen, Märchen, Mythen, Gedichte.

Die Engländer waren einfach früher neugierig darauf als die Deutschen. Das hatte sowohl mit ihrer Lust auf wilde Natur als auch mit ihrem engeren Verhältnis zur Gotik zu tun: Schauerromane, Schauerruinen, Gothic Revival war die neue Mode. Mary Shelley, die berühmte englische Autorin des Romans *Frankenstein*, 1818 geschrieben, ließ Victor Frankenstein, den Arzt und Schöpfer des Monsters, zur Erholung am Rhein entlang reisen. Er reist zusammen mit seinem Freund Henry Clerval und schwärmt von dem, was er sieht:

»Dieser Abschnitt des Rheins bietet ein einzigartig vielfältiges Landschaftsbild. Eben noch hat man zerklüftete Berge und Burgruinen über einem schroffen Hang gesehen, und nach der nächsten Biegung des Flusses gewahrt man Weinreben auf sanften Hängen, und vor sich hat man bevölkerte Ortschaften. Es war die Zeit der Weinlese, und wir hörten die Winzer singen, während wir den Rhein hinabglitten. Sogar ich freute mich daran trotz meiner Niedergeschlagenheit und der dunklen Ahnungen, die mein Gemüt bewegten.«[70]

Victor Frankenstein vor dem Monster, das er erschaffen hat; Cover der Ausgabe *Frankenstein*, um 1818

Die dunklen Ahnungen wandeln sich in schlimme Gewissheit, als das Monster Frankenstein Freund Clerval später erwürgt, den grundguten Clerval, der aus der Schweiz kommt und sie nicht eintauschen will gegen diesen Rhein: *»O, sicher ist der Lebensgeist, der über diesem Lande waltet, in innigerer Harmonie mit der Seele des Menschen als derjenige, der in unserer Heimat die Gletscher aufeinandertürmt und auf den unerreichbaren Berggipfeln thront.«*

Jahrhundertelang kam der Rhein ohne poetische Metaphern aus, aber jetzt geht's los. Von Dichtern und Malern wird er bevölkert mit einer Schar von tapferen Recken, bösen Drachen, keuschen Jungfrauen und grässlichen Ungetümen. Alexandre Dumas macht sich darüber lustig:

70 Mary Shelley, *Frankenstein*

Gegenüber:
Die Marksburg oberhalb der Stadt Braubach am Rhein

»Für uns Franzosen ist die tiefe Ehrfurcht, die die Deutschen dem Rhein gegenüber hegen, nur schwer zu begreifen. Er ist für sie eine Art Schutzgottheit, die, außer Karpfen und Salmen, in ihren Gewässern eine Unzahl Naiaden und Ungeheuer birgt, gute und böse Geister, die die dichterische Phantasie der Bewohner am Tage durch den Schleier seiner blauen Fluten und nachts an den Ufern sitzend und umherirrend wahrnimmt.«[71]

71 Alexandre Dumas, *Eine Reise an die Ufer des Rheins*

Mittelrhein
St. Goars-
hausen
Loreley
Oberwesel
Bacharach
Rüdesheim
Oberrhein
Bingen
am Rhein

Die Loreley

Unter diesen Geistern war auch die Lore Lay, 1800 von Clemens Brentano erfunden. Die Lay oder Ley, nach dem nützlichen 33-bändigen Wörterbuch der Brüder Grimm auch Leie, ist nichts anderes als ein Fels – Ortsnamen wie Erpeler Ley oder der Koblenzer Stadtteil Lay zeugen noch davon. Auf diesen Felsen, der da in einer Kurve so besonders schroff am Rhein emporragt an einer schwer schiffbaren Stelle voller Strömungen und Untiefen, auf diese Lay also setzte der Dichter Brentano ein blondes Mädchen namens Lore. Fischern, die hochguckten statt auf den Fluss, wurde das zum Verhängnis. Was hat er damit losgetreten! Sie ist lang, diese Ballade, aber da müssen wir jetzt einfach durch:

Die Loreley
Aquarellierte Zeichnung von Eduard Jakob Steinle, 1863

Zu Bacharach am Rheine
Wohnt eine Zauberin,
Sie war so schön und feine
Und riss viel Herzen hin.
Und machte viel zu schanden
Der Männer rings umher,
Aus ihren Liebesbanden
War keine Rettung mehr.
Der Bischof ließ sie laden
Vor geistliche Gewalt
Und musste sie begnaden,
So schön war ihr' Gestalt.
Er sprach zu ihr gerühret:
»Du arme Lore Lay!
Wer hat dich denn verführet
Zu böser Zauberei?«
»Herr Bischof lasst mich sterben,
Weil jeder muss verderben,
Der meine Augen sieht.
Die Augen sind zwei Flammen,
Mein Arm ein Zauberstab –
O legt mich in die Flammen!
O brechet mir den Stab!«
»Ich kann dich nicht verdammen,
Bis du mir erst bekennt,
Warum in diesen Flammen
Mein eigen Herz schon brennt.
Den Stab kann ich nicht brechen,
Du schöne Lore Lay!
Ich müsste dann zerbrechen
Mein eigen Herz entzwei!«
»Herr Bischof, mit mir Armen
Treibt nicht so bösen Spott,
Und bittet um Erbarmen,
Für mich den lieben Gott.
Ich darf nicht länger leben,

Ich liebe keinen mehr –
Den Tod sollt Ihr mir geben,
Drum kam ich zu Euch her. –
Mein Schatz hat mich betrogen,
Hat sich von mir gewandt,
Ist fort von hier gezogen,
Fort in ein fremdes Land.
Die Augen sanft und wilde,
Die Wangen rot und weiß,
Die Worte still und milde,
Das ist mein Zauberkreis.
Ich selbst muss drin verderben,
Das Herz tut mir so weh,
Vor Schmerzen möcht' ich sterben,
Wenn ich mein Bildnis seh'.
Drum lasst mein Recht mich finden,
Mich sterben, wie ein Christ,
Denn alles muss verschwinden,
Weil er nicht bei mir ist.«
Drei Ritter lässt er holen:
»Bringt sie ins Kloster hin,
Geh, Lore! Gott befohlen
Sei dein berückter Sinn.
Der Felsen ist so jähe,
So steil ist seine Wand,
Du sollst ein Nönnchen werden,
Ein Nönnchen schwarz und weiß,
Bereite dich auf Erden
Zu deines Todes Reis'.«
Zum Kloster sie nun ritten,
Die Ritter alle drei,
Und traurig in der Mitten
Die schöne Lore Lay.
»O Ritter laßt mich gehen,
Auf diesen Felsen groß,
Ich will noch einmal sehen
Nach meines Lieben Schloss.
Ich will noch einmal sehen
Wohl in den tiefen Rhein
Und dann ins Kloster gehen
Und Gottes Jungfrau sein.«
Doch klimmt sie in die Höhe,
Bis dass sie oben stand.
Es binden die drei Ritter,
Die Rosse unten an,
Und klettern immer weiter,
Zum Felsen auch hinan.
Die Jungfrau sprach: »Da gehet
Ein Schifflein auf dem Rhein,
Der in dem Schifflein stehet,
Der soll mein Liebster sein.
Mein Herz wird mir so munter,
Er muss mein Liebster sein! –«
Da lehnt sie sich hinunter
Und stürzet in den Rhein.
Die Ritter mussten sterben,
Sie konnten nicht hinab,
Sie mussten all verderben,
Ohn' Priester und ohn' Grab.
Wer hat dies Lied gesungen?
Ein Schiffer auf dem Rhein,
Und immer hat's geklungen
Von dem drei Ritterstein:

Lore Lay
Lore Lay
Lore Lay

Als wären es meiner drei.[72]

72 Clemens Brentano, *Godwi*

Wir staunen: Lore Lay ist unglücklich! Und eigentlich herzensgut! Und so schön, dass es kaum auszuhalten ist! Und wer wird das erste Opfer hier am Felsen sein? Sie selbst, die aus Bacharach war, das von den Römern zu Ehren des Weingottes Bacchus so genannt wurde, sie stürzt in den Rhein.

Loreley
Gemälde von
Wilhelm Kray,
um 1878

So, das klingt doch nun schon mal ganz anders als alles, was danach kommt. Und er hat es auch gar nicht als eigenes, für sich stehendes Gedicht geschaffen, der Romantiker Clemens Brentano, sondern damit beginnt Band zwei seines Romans *Godwi*: Ein Mädchen von zweifelhaftem Ruf, Violette, singt dieses Lied. Und das hat sich derart verselbstständigt, dass Heinrich Heine 1824 mit seiner Ballade von der Loreley, und seinem berühmten Anfang »*Ich weiß nicht, was soll es bedeuten* …« einen Mythos für die Ewigkeit daraus geschaffen hat. Er setzt ja auch noch einen drauf: »*Ein Märchen aus uralten Zeiten* …«! So uralt auch wieder nicht: Es ist zu dem Zeitpunkt gerade mal vierundzwanzig Jahre alt, und kommt uns doch wie ein uraltes deutsches Volkslied vor.

Der schiffbare Rhein hat hier bei der Loreley seine schmalste und tiefste Stelle, das romantische Gemüt des Reisenden ist aufgewühlt. Ich möchte Sie beruhigen mit wenigstens einer der vielen Parodien auf die Loreley, derjenigen von Erich Kästner, der 1932 seinen schönen *Handstand auf der Loreley* dichtete:

Die Loreley, bekannt als Fee und Felsen,
ist jener Fleck am Rhein, nicht weit von Bingen,
wo früher Schiffer mit verdrehten Hälsen,
von blonden Haaren schwärmend, untergingen.

Wir wandeln uns. Die Schiffer inbegriffen.
Der Rhein ist reguliert und eingedämmt.
Die Zeit vergeht. Man stirbt nicht mehr beim Schiffen,
bloß weil ein blondes Weib sich dauernd kämmt.

Nichtsdestotrotz geschieht auch heutzutage
Noch manches, was der Steinzeit ähnlich sieht.
So alt ist keine deutsche Heldensage,
Dass sie nicht doch noch Helden nach sich zieht.

Die Lorelei
Aquarell von William Turner (Ausschnitt), 1817

Erst neulich machte auf der Loreley
Hoch überm Rhein ein Turner einen Handstand!
Von allen Dampfern tönte Angstgeschrei,
als er kopfüber oben auf der Wand stand.

Er stand, als ob er auf dem Barren stünde.
Mit hohlem Kreuz. Und lustbetonten Zügen.
Man frage nicht: Was hatte er für Gründe?
Er war ein Held. Das dürfte wohl genügen.

Er stand, verkehrt, im Abendsonnenscheine.
Da trübte Wehmut seinen Turnerblick.
Er dachte an die Loreley von Heine.
Und stürzte ab. Und brach sich das Genick.

Er starb als Held. Man muss ihn nicht beweinen.
Sein Handstand war vom Schicksal überstrahlt.
Ein Augenblick mit zwei gehobnen Beinen
Ist nicht zu teuer mit dem Tod bezahlt!

P.S. Eins wäre allerdings noch nachzutragen:
Der Turner hinterließ uns Frau und Kind.
Hinwiederum, man soll sie nicht beklagen.
Weil im Bezirk der Helden und der Sagen
die Überlebenden nicht wichtig sind.[73]

Schon lange sind keine Schiffer mehr wegen einer blonden Dame abgesoffen, aber das letzte große Unglück an dieser heiklen Stelle passierte im Januar 2011, als ein mit 2400 Tonnen konzentrierter Schwefelsäure beladener Tanker in Höhe des Loreley-

73 Erich Kästner, *Der Handstand auf der Loreley*

felsens kenterte. Schuld waren keine blonden Locken, sondern unsachgemäße Beladung. Der Rhein wurde für Wochen an der Unglücksstelle gesperrt – große Verluste für die Schifffahrt.

Früher war das Echo an der Loreley berühmt: In alten Schriften liest man von einem Hallraum, den die Felsen bildeten. Die britische Reiseschriftstellerin Frances Trollope hat das zum Beispiel 1833 beschrieben:

»Alle, die den Rhein bereist haben, werden sich erinnern, dass an diesem Punkt gewöhnlich geschossen und auf einem Waldhorn geblasen wird. Dieses geschieht durch einen Mann, der sein Leben, oder vielmehr jeden Sommer, in dieser Grotte zubringt, um die Reisenden das wunderbare Echo des Lurleyberges hören zu lassen.«[74]

Der Hallraum ist längst zerstört, wahrscheinlich durch die Felssprengung für die Bahn, aber ohnehin ist an dieser Stelle so ein Mordslärm von Eisenbahn, Schiffen, Bundesstraßen, Loreleygedudel auf Ausflugskähnen, dass man das Echo sowieso nicht mehr hören würde. Hier fahren täglich dreihundert bis sechshundert Schiffe vorbei, fünfhundert Züge links- und etwa dreihundert rechtsrheinisch, diese romantische Rheinstrecke ist eine der am dichtesten befahrenen Verkehrsstraßen Europas. Der gebildete Brentano hat es aber noch gehört, und seine erfundene Lore Lay hat sicher nicht von ungefähr etwas zu tun mit der Nymphe Echo aus Ovids Metamorphosen.

Auf jedem Schiff, das an der Loreley, diesem grottenlangweiligen einhundertzwanzig Meter hohen Schieferfelsen bei Rheinkilometer 555, heute vorbeifährt, ertönt die berühmteste Vertonung des Loreley-Liedes, nämlich die von Friedrich Silcher (1837), aus allen Lautsprechern über alle Decks. Auch auf unserer *Rheinmelodie*: Alle Kreuzfahrtteilnehmer sind nun an Deck, das Lied von der Loreley krächzt durch den Lautsprecher und die Ober kredenzen jedem kostenlos einen feuerroten, süßen Loreley-Cocktail. Prost!

Und doch hat man hier eher das Gefühl, in einer Theaterkulisse zu sein als in etwas, das noch Natur ist. Das Auge kann nicht wandern wie im Rheingau, am Bodensee, später am Nie-

Am Fuße des gleichnamigen Felsens steht die in Bronze gegossene künstlerische Umsetzung der mythischen Loreley von Natascha Alexandrova Prinzessin Jusopov, 1983

Ein Automat, der das Loreleygedicht abspielt, aufgenommen auf dem Loreleyfelsen

74 Zit. nach: *Die Loreley. Gedichte, Prosa, Bilder*, hg. von Wolfgang Minaty

derrhein. Es stößt immer wieder an Felsen, Ruinen, Ecken und Kurven und mir kommt ein Zitat aus einem Roman von Michael Krüger in den Sinn, er hat es auf Thüringen gemünzt, aber es passt auch hier zu Felsen und Burgen:

»… sie waren nur noch Kulisse, schöne Dekoration, Theaterzauber für ein Stück, das keiner mehr sehen wollte, und ich war fest entschlossen, mir so schnell wie möglich ein anderes Theater zu suchen.«[75]

So war mir zumute. Nur: Dass es keiner mehr sehen will, stimmt nicht. Alle außer mir wollen.

Und nun gibt es noch eine Loreley-Anekdote: 1985 lud der damalige Bundeskanzler Kohl den damaligen japanischen Premierminister Yasuhiro Nakasone zu einer Fahrt auf dem Rhein ein, und bei der Loreley erklang natürlich Silchers Lied mit Heines Text und der japanische Premier konnte mitsingen – aber nur die erste Strophe. Der japanische Kaiser, der Tennō, konnte 1972 aber alle Strophen, soll Kohl gemäkelt haben. Dafür hat Nakasone anlässlich dieser Rheinfahrt einen Haiku auf die Loreley gedichtet, er erschien am 12. Juli 1985 in der *Mainzer Allgemeine Zeitung* und lautet:

»Das Tal, die jungen Blätter und der trockene
Geschmack des örtlichen Weins
Bieten sich uns an, während unser Boot
Den Felsen der Lorelei passiert.«

Japankenner stellen sich das jetzt bitte im Original mit den klassischen 5–7–5 Hebungen des Haiku vor.

Die Loreley ist unzählige Male gemalt, gezeichnet, in Verse gebracht worden, sogar fünfzig Opern wurden auf sie geschrieben, keine taugt was, aber da hat Brentano ordentlich etwas losgetreten und es wirkt bis heute. 2002 gipfelte es im Schlager der Kölner Karnevalsband *De Krageknöpp*: *»Lore, leih mir dein Herz und sei lieb zu mir.«*

In der Nähe der Loreley gibt es noch etwas Schönes am Ufer:

75 Michael Krüger, *Das Irrenhaus*

eine Kneipe, direkt an eine Kapelle gebaut – vorne in der Klosterschenke ein Gläschen, hinten in St. Sebastian die Absolution, geht doch!

Wir schaffen es: Wir kommen heil an der Loreley vorbei, und auf einer baumbewachsenen Sandbank im Rhein vor Rüdesheim sitzt sie gleich noch mal aus Bronze, drei Meter hoch, ein kräftiges und furchteinflößendes Weibsbild, wie auch unsere Germania, an der wir nun nicht länger vorbeikommen.

Zur Klosterschenke mit Kirche in Ehrenthal

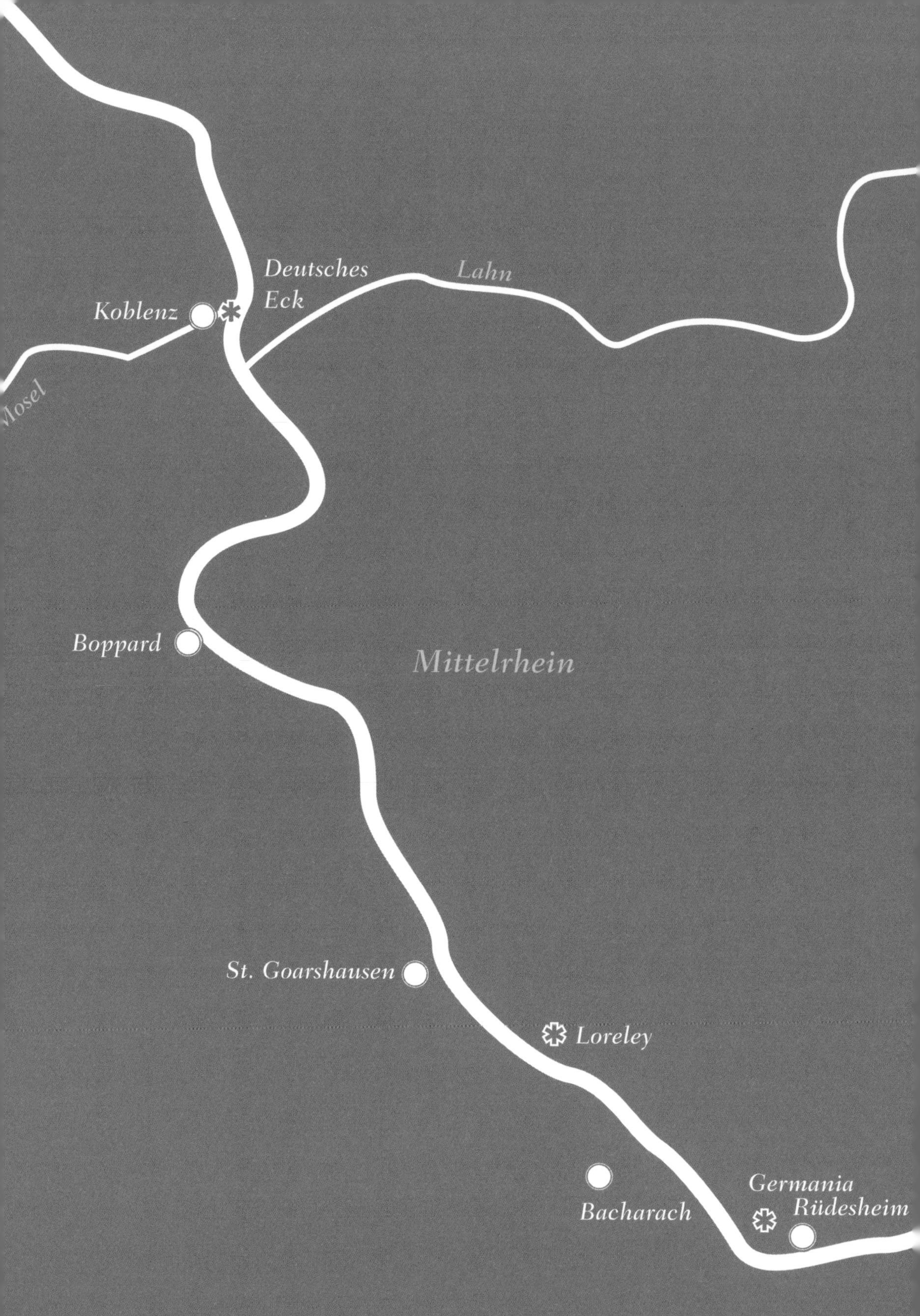
Deutsches
Eck
Lahn
Koblenz
Mosel
Boppard
Mittelrhein
St. Goarshausen
Loreley
Germania
Rüdesheim
Bacharach

Die Germania und die Drosselgasse

Planung und Bau benötigten 12 Jahre: das Niederwalddenkmal

»Lieb Vaterland, magst ruhig sein,
fest steht und treu die Wacht am Rhein.«

Da steht sie, die Wacht am Rhein, die eiserne Germania, das Niederwalddenkmal, hoch über Rüdesheim, nach dem Deutsch-Französischen Krieg von 1870/71 errichtet, bei dem wir den Franzosen ordentlich aufs Haupt gehauen haben. Nun sollten sie sich hüten, noch mal nach unserm deutschen Rhein zu greifen – grimmig reckt sie die Faust mit Kaiserkrone und Siegerlorbeer hoch Richtung Westen, Richtung Frankreich, aber der Blick unter Eichenlaub und wehenden Locken geht gen Rheingau. Nicht umsonst, wie ihr Erbauer Johannes Schilling 1876 erklärte:

»Wozu soll die Germania nach Frankreich schauen, seit der Rhein nicht mehr Grenzstrom ist? Nicht dem besiegten Feind, dem deutschen Volk zeigt sie die Krone, die ihr Haupt zu schmücken bestimmt ist. Darum ist ihr Blick dem Rheingau zugewendet.«

Sie steht, dreizehn Meter groß, auf einem mächtigen Sockel wie auf einem Thron, in der linken Hand ein Schwert, natürlich auch siegeslorbeerbekränzt. Das gesamte Monument ist fast vierzig Meter hoch und Germania, nach Tochter Clara des Erbauers Schilling gegossen, soll ohne Sockel fünfundsiebzig Tonnen wiegen, lächerlich, magersüchtig geradezu: Die amerikanische Freiheitsstatue wiegt zweihundertfünfundzwanzig Tonnen.

»Im Innern ihres Unterkörpers können zehn Paare tanzen«, las ich mal in einer absurden Broschüre. Ja, davon träumen wir: im Innern der Germania zu tanzen. Wer denkt sich sowas aus? Auf dem Sockel: Wappen, Kränze, Eiserne Kreuze. Im Relief unterm Sockel: König Wilhelm von Preußen zu Pferde und jede Menge andere

wichtige Herren. Dazu fünf der sechs Strophen des martialisch-patriotischen Liedes *Die Wacht am Rhein* von Max Schneckenburger, und ganz unten: Vater Rhein mit Tochter Mosel. Ganze Völkerscharen pilgern hier herauf, kaufen scheußliche Andenken, essen fettige Würste und staunen über das gewaltige Weib und die schöne Aussicht auf Rhein und Berge. Kurt Tucholsky nannte sie einen *»gigantischen Tortenaufsatz«*. Da ist was dran.

Und danach geht's ab an den Fuß des Berges nach Rüdesheim, dem Tor zum Mittelrhein, tapfer in die sagenumwobene Drosselgasse.

»Weinhandel« in verschiedensten Sprachen

Ich war vor Jahrzehnten mal mit einem Freund dort und erinnere mich an ein Menschengeschiebe und Gegröle, das kaum zu ertragen war. Auch Clemens Brentano hat das schon beschrieben: *»In Rüdesheim bin ich erst mit dem Sonnenuntergang zurückgekommen, alle Wirtshäuser tobten ganz ausgelassen.«*[76]

Und siehe da: So ist es nicht mehr.

Noch immer ist die Gasse in der Altstadt direkt am Rhein nur einhundertvierzig Meter lang, maximal drei Meter breit und mit einer Weinkneipe an der nächsten dicht bestückt, noch immer wimmelt Volk aus aller Welt auf diesen paar Metern, aber: Es ist ein früher Sonntagabend im Juli, man hat genug Platz, keiner singt, es geht freundlich zu, hallo, da ist ja auch Japan schon wieder und natürlich viele Trumpwähler, aber von fünfunddreißigtausend Menschen, die sich hier angeblich pro Tag durchschieben, kann nicht die Rede sein. Es heißt: rund drei Millionen Drosselgassentouristen im Jahr, rechnen Sie bitte selbst, ich kann sowas nicht. Kommt man bei fünfunddreißigtausend pro Tag auf bloß drei Millionen pro Jahr? Nie im Leben. Das merke sogar ich. Weg mit den Zahlen: Es kommen viele, aber nicht mehr so viele wie in den 60er- und 70er-Jahren, und längst nicht mehr jeden Tag, und nicht mehr ganz so laut und so besoffen. Ich glaube, darauf kann man sich einigen.

Im 15. Jahrhundert waren die schmalen kleinen Fachwerkhäuser der Drosselgasse die Wohnungen der Rheinschiffer, die ihre Boote am nahen Ufer angebunden hatten. Dann etablierten

76 Clemens Brentano, *In Rüdesheim*

sich Weinlokale und Straußwirtschaften, und als der Wirt des »Drosselhof«, Johannes Müller, den Studenten der Binger Technischen Hochschule Sonntags kostenloses Essen anbot und sich als Gegenleistung Gesang wünschte, ging das mit den Rhein- und Weinliedern los. Eins davon ist das 1887 von Otto Hausmann verfasste *Zu Rüdesheim in der Drosselgass'* (Für unsere amerikanischen Freunde: *At Rudesheim in the Throttle Alley*):

Zu Rüdesheim in der Drosselgass',
Wo winkt ein grüner Strauß,
Da trinkt man früh bis abends spät
Die Gläser fleißig aus.
Da geht der Wein im Kreis herum,
Da singet man im Chor,
Wie's an der Wand geschrieben steht,
Im Baß und im Tenor:

Refrain:
Rüdesheimer Wein,
Schöne Mägdelein
Sind des Glückes A und O,
Drum, Freund, ich denke so:
Lieb dein Leben lang
Wein und Becherklang,
Und die hübschen Mägdelein
Schließ tief ins Herze ein.

Zu Rüdesheim in der Drosselgass',
Kein Wandrer geht vorbei;
Da segnet Gott die Fröhlichkeit
Der Zecherkumpanei.
Bläst draußen noch so kalt der Wind,
Hier schmilzt und bricht das Eis.
Das Herz taut auf, Glas klingt an Glas,
Laut tönt's im Zecherkreis:

Das erste und älteste Gasthaus in der Drosselgasse

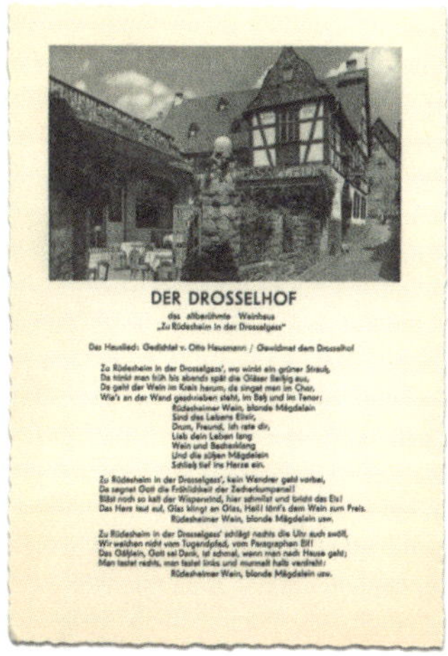

Ein Hauslied, dem Drosselhof gewidmet von Otto Haussmann

Folgende Doppelseite:
Die berühmte Drosselgasse in Rüdesheim

Drosselhof

Von Rhein und Mosel
Titel eines Notenblatts

Refrain:
Zu Rüdesheim in der Drosselgas',
Schlägt nachts die Uhr auch zwölf,
Wir weichen nicht vom Tugendpfad,
Vom Paragraphen elf.
Das Gäßlein, Gott sei Dank, ist schmal,
Wenn man nach Hause geht;
Man tastet rechts, man tastet links
Und murmelt halb verdreht:

Refrain: …

Da ist sie wieder, die Kombination aus Rhein, Wein und Mägdelein, unschlagbar schmalzig dereinst von Peter Alexander gesungen, und dass das Gässchen so schmal ist, kriegt hier auch eine gute praktische Bedeutung: Man kann sich rechts und links abstützen.

Der Rheintourismus bringt Geld und ruiniert zugleich die Gegend – das ist in Venedig nicht anders, und: Das ist nicht mehr zu ändern. Im Grunde muss man als – sagen wir – anspruchsvoller Tourist den Rummel meiden, es einfach sein lassen mit der Rheinromantik. Sie ist zu Tode bereist. Sie ist auch zu Tode gemalt und bedichtet, nach dem 19. Jahrhundert kam künstlerisch nur noch wenig dazu.

Rüdesheim ist eigentlich arm dran: Durchgangsort für Zehntausende Autos und Motorräder täglich auf der B 42, auf dem Rhein ein Motorboot, Fracht- oder Ausflugsschiff am andern, mehr als fünfzehn Züge donnern pro Stunde über den Bahndamm, und Tümmers schreibt in seinem Buch von 1994, dass die Schranken täglich etwa acht Stunden geschlossen sind. Wie es heute ist, weiß ich nicht, doch wir standen auch reichlich lange davor oder dahinter. Nirgends Ruhe. Aber, so ein Leserbrief in der FAZ vom Mai 1988, »*die Art Besucher, die Rüdesheim frequentieren, stört die Bahn nicht. Laut ist es überall. Die Autos, die Busse, die Betrunkenen, die Musik, die johlenden Jugendlichen, alles macht Krach. Wer hört noch die Züge?*«

Die Nazis, die ja an Kraft durch Freude glaubten, nutzten die Drosselgasse als beliebtes Ausflugsziel, Wein, Weib, Gesang, alles deutsch am deutschen Rhein, was will man denn auch mehr. Wer hierher kommt, sucht keine Ruhe. Und die ganze Pracht wurde Ende 1944 zerstört – aber keimfrei und originalgetreu wieder aufgebaut und heute freundlich und harmlos. Wir sind nicht eingekehrt, unser romantischer Weingarten in Eltville bestätigte uns später am Abend: Das war eine gute Entscheidung.

Das Kurfürstliche Schloss in Koblenz

In Koblenz legt unser Schiff an. Wir setzen uns erst mal genau gegenüber der Anlegestelle in ein nettes Weinlokal und trinken mal was anderes als immer nur Rosé aus dem Abonnement. Ein milder, schöner Abend, am Tisch ein Ehepaar, das erzählt, wie der Rhein früher noch zufror und wie es Flutwellen gab, wenn im Binger Loch die Eisbarriere brach. Auch sie finden es spannend, dass wir ein Buch über den Rhein schreiben und fragen: »*Was schreiben Sie denn da?*« »*Alles*«, sagt Tom, »*Weiß nicht*«, sage ich. Und dazwischen liegt es ja auch. Wir sind vollkommen im Fluss-Reise-Modus.

Koblenz mit Blick auf Burg Ehrenbreitstein Gemälde von Johann Adolf Lasinsky (Ausschnitt), 1828

Eine Seilbahn pendelt über den Rhein hoch zur Festung Ehrenbreitstein, deren Ursprung mehr als tausend Jahre zurück liegt. Ein Graf Ehrenbrecht soll sie als Wehranlage erbaut haben, und im 15. Jahrhundert hatte sie die größte Kanone des heutigen Europa. Und natürlich war sie eine bedeutende Zollstation, kassiert wurde überall am Rhein, hier kassierten die Trierer Erzbischöfe. Die Franzosen haben das Ganze 1801 gesprengt, die Preußen haben es auf ihre Art (klotz, protz, trutz) zwischen 1817 und 1828 neu hingestellt. Die Festung hat seitdem zwei Weltkriege fast unbeschadet überstanden, ja, die Preußen. Die bauen solide.

Ich bin kein Seilbahnfan, Tom fährt die achthundert Meter über Rhein und Berg allein hoch und guckt runter aufs Deutsche Eck samt Kaiser, wo Rhein und Mosel breit und spektakulär zusammenfließen – Confluentes, die Zusammenfließenden, nannten die Römer deshalb ihre Festung hier, aus Confluentes wurde Koblenz, Kowelenz, sagen die Pfälzer. Ihre Stadt ist älter als zwei-

Gegenüber:
Der Zusammenfluss von Rhein und Mosel am Deutschen Eck

Folgende Doppelseite:
Ruhiges Rheinwasser

tausend Jahre, eine unserer ältesten Städte überhaupt, die Römer legten hier ihre erste befestigte Stadtsiedlung zur Sicherung der Rheinstraße Mainz-Köln-Xanten an. Nach der Französischen Revolution gehörte Koblenz zu Frankreich, ab 1801 dann wieder zum deutschen Herzogtum Nassau. Im Zweiten Weltkrieg ging es Koblenz, an strategisch wichtiger Stelle gelegen, nicht anders als Köln: 1944 wurden 87 % der Stadt bei Luftangriffen zerstört, adieu, Historie – bis auf wenige Reste. Und immer noch findet man Rückstände dieses Krieges – 2011 wurden sage und schreibe fünfundvierzigtausend Koblenzer kurzfristig aus ihren Wohnungen evakuiert, weil eine große Luftmine entschärft werden musste. Siebenundsechzig Jahre lang hatte sie still da gelegen. Nicht auszudenken, wenn …

Detail der Historiensäule in der Koblenzer Altstadt

In Koblenz kommt alles zusammen, der Westerwald, der Hunsrück, die Eifel, der Rhein, die Mosel. Und der Kaiser, ein Wilhelm I., entschiedener Feind jeder Freiheitsbestrebung, sitzt mürrisch wegen der frivolen Lebenslust der Menschen am Rhein auf seinem Schlachtross, siebenunddreißig Meter hoch, und guckt stur von Koblenz weg über den Fluss in Richtung Köln. Nein, er guckt nach Berlin, er will einfach nur nach Hause.

Und ich fahre wehmütig weiter, denn ich habe während des ganzen Aufenthaltes in Koblenz ein Vögelchen beobachtet, das ausgerechnet auf unserem Deck an einer geschützten Stelle anfing, ein Nest zu bauen. Stundenlang flog es zwischen Ufer und Schiff hin und her, kleine Zweige, weiche Blätter, Ästchen und Heu im Schnabel. Das Nest nahm Gestalt an, weich, rund, das Vögelchen musste doch total erschöpft sein, aber es gab nicht auf – ich hatte nicht das Herz, es zu vertreiben, ich hätte es warnen sollen, aber wie denn? Ja, und dann fuhr unser Schiff einfach weiter, nahm dieses kunstvolle Gebilde mit, es wurde von den Arbeitern, die das Deck abends säubern, entsorgt.

Ich weiß auch, dass es größeres Elend gibt. Aber dieser kleine Vogel mit seiner ganzen vergeblichen Mühe, mit der er nun von vorn beginnen muss – er hat mich bewegt.

www.seilbahn-koblenz.de

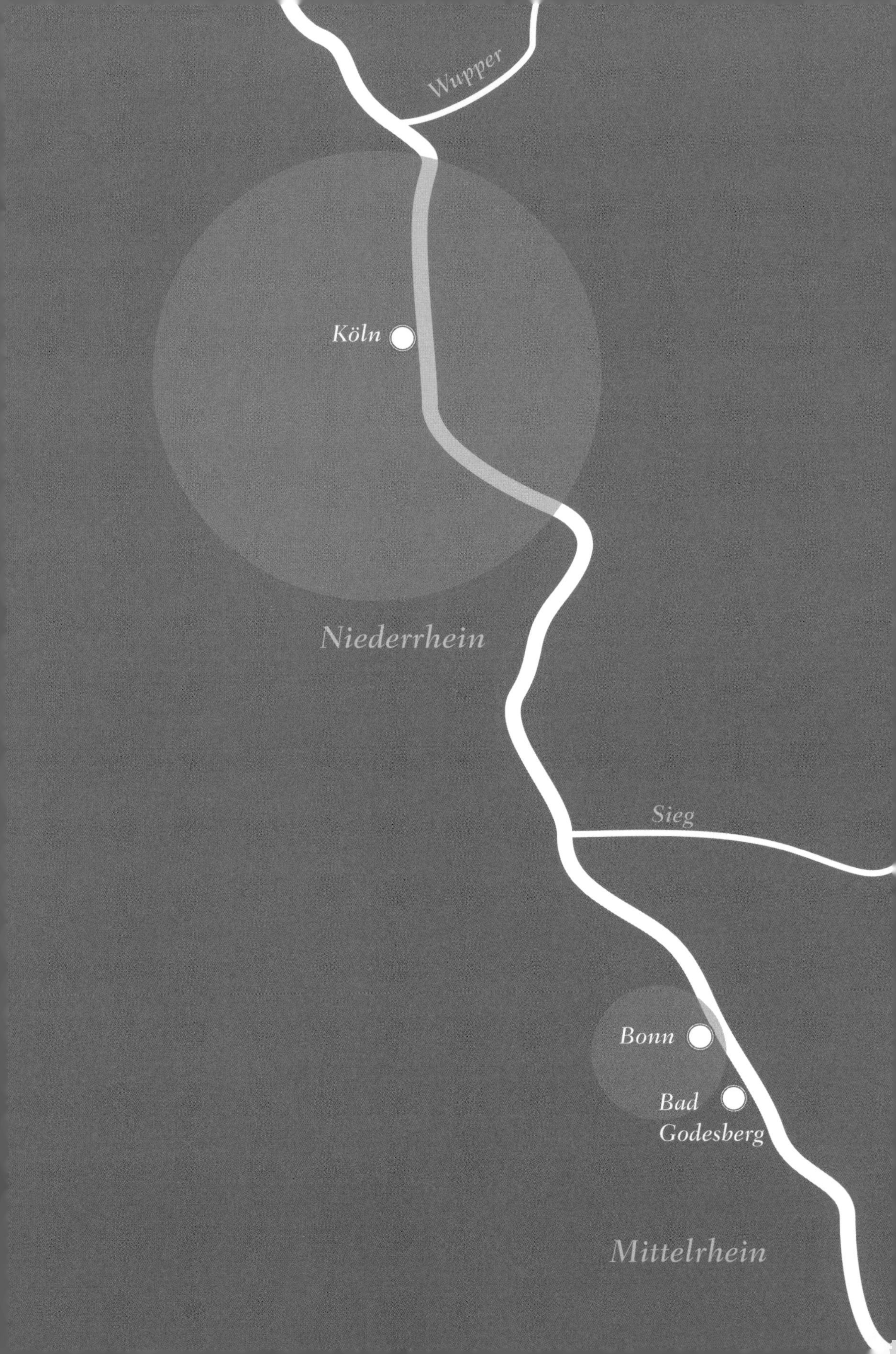
Wupper
Köln
Niederrhein
Sieg
Bonn
Bad
Godesberg
Mittelrhein

Mein Köln

Ab Koblenz fährt unsere *Rheinmelodie* wieder eine Nacht hindurch, vorbei am KMK, am Kernkraftwerk Mülheim-Kärlich, das insgesamt nur zwei Jahre am Netz war und jetzt nach und nach teils verscherbelt, teils abgerissen wird. Das war auch keine wirklich gute Idee, es hier auf den aus der Eifel kommenden Vulkangraben zu setzen.

Rheinhotel Dreesen

Links liegt bei Bad Godesberg das geschichtsträchtige Rheinhotel Dreesen. Hier verkehrten der schönen Lage und der Eleganz des Hauses wegen viele Berühmtheiten: Gustav Stresemann und Charlie Chaplin, Hans Albers, die Garbo, die Dietrich, und 1926 trug sich hier bei seinem ersten Besuch im Dreesen Adolf Hitler als »staatenloser Schriftsteller« ein. Er sollte noch öfter kommen, z. B. 1934 mit Joseph Goebbels zur Vorbereitung des Röhm-Putsches. Der damalige Hotelchef war nach Nazi-Ideologie »Halbjude«, seine Schwägerin Jüdin, viele seiner hier verkehrenden Freunde Juden. Wusste Hitler das? Übersah er es, um weiter hier wohnen zu können? Vier Jahre später besprach er im Dreesen mit dem britischen Premierminister Neville Chamberlain die Lösung der Sudetenkrise. 1944/45 beherbergte das Hotel französische Offiziere, danach war es Quartier der Amerikaner, dann der Briten, dann der Belgier, dann wohnten Flüchtlinge hier und 1949 wurde es von der Bundeshauptstadt Bonn, die dringend Büros suchte, fast ganz und gar zweckmäßig dafür umgebaut. Seit 1952 ist es endlich wieder ein Hotel, und nun wohnten hier z. B. Karajan, Augstein, Bocuse, Caterina Valente und Sepp Herberger mit der ganzen deutschen WM-Fußballnationalmannschaft. Ich habe dort mal an einer ausgelagerten ZDF-Sitzung teilgenommen, bei der, erinnere ich mich, mehr gegessen und getrunken als beschlossen wurde.

Ölraffinerie bei Wesseling

Wir tuckern vorbei an Bonn, das einundvierzig Jahre lang unsere Hauptstadt und mir fünf Jahre ein Zuhause war, an Rolandseck, an den letzten Weinbergen, dem Siebengebirge, der industriellen Scheußlichkeit von Wesseling mit den gespenstischen Raffinerierohren – eine Pipeline führt von hier bis Rotterdam, das Rohöl kommt von dort und wird in Wesseling und Godorf zu Kraftstoff. Über 440 Hektar erstreckt sich diese Rheinland Raffinerie, es ist die größte in Deutschland. Durch sechzigtausend Rohrleitungen auf zusammen achttausend Kilometer Länge läuft hier alles, was wir brauchen, aber lieber nicht so genau wissen möchten – Benzin, Öl, Chemie. Wir verschlafen das Elend und legen morgens um acht in Köln an. Wir fahren diese Strecke später mit dem Auto noch mal ab, kilometerweit fährt man auf der Köln-Bonner Autobahn an diesem menschenleeren Röhrendschungel wie an einer gigantischen Geisterstadt vorbei und denkt: Das kann doch nicht gut gehen. Es geht ja auch nicht gut: Aus kleinen Löchern maroder Leitungen sickert es ununterbrochen. Zunächst waren es 2012 eine Million Liter Kerosin, die etwa 40 000 Quadratmeter Boden verseuchten; das wuchs 2015 mit einem zweiten unterirdischen See zusammen auf geschätzte 400 000 Liter Rohbenzin. Aber wir sollen uns nicht beunruhigen, sagen die »Zuständigen«. Und auf die Frage, was man denn nun macht mit einem so riesigen unterirdischen Benzinsee, heißt es im Kölner Stadtanzeiger 2017: *»Dazu gibt es keine verlässlichen Prognosen. Die Behörden und die Unternehmen räumen selbst ein, dass die Sanierung Jahre, wenn nicht Jahrzehnte dauern wird.«* In einem Interview vom November 2017 rechnete der jetzige Chef der Rheinland Raffinerie mit etwa dreißig Jahren …

Wenn der Wind schlecht steht, stinkt erst Rodenkirchen und dann ganz Köln.

Und trotzdem ist es auch schön hier: Am großen Weisser Bogen ist der Rhein breit und prächtig wie nie, er fließt durch flache Auen, erholt sich, die Schiffe fahren ganz in der Mitte und rechts und links ist es wie am Meer.

Mein Köln. Seit mehr als dreißig Jahren lebe ich hier in dieser Stadt mit den vier K: Kirche, Klüngel, Kölsch, Karneval. (Wobei, genau genommen, der Klüngel der Ganzjahreskarneval ist.) Am Anfang war ich begeistert, ich bin aus Liebe zu dieser lebendigen Stadt hergezogen, in den letzten Jahren habe ich oft eher resigniert angesichts von so viel Fehlplanungen, Unvermögen, falschen Entscheidungen, sich häufenden Problemen. Das Operndesaster, das Domplatzdesaster, das Museums- und U-Bahndesaster, die sogenannte Silvesternacht, es hört ja nicht auf, Köln ist überregional zum Gespött geworden. Und vieles wäre vorhersehbar gewesen, aber erstens lässt sich der Kölner nicht gern was sagen, und zweitens *»et hätt noch emmer joot jejange«*.

Der Kölner Dom

Köln hatte eine große Blütezeit als Handelsstadt, verkam dann aber wohl. Viele Reisende im 18. und 19. Jahrhundert schreiben sehr abfällig über Köln – es sei dreckig, verkommen, ungeordnet, es würde stinken:

»Ich weiß nicht, ob es einen direkten Zusammenhang zwischen üblen Gerüchen und Kölnisch Wasser gibt, aber diese Stadt ist der dreckigste und abstoßendste Ort, den wir in Europa bislang gesehen beziehungsweise gerochen haben«, schreibt James Fenimore Cooper, der amerikanische Autor der Lederstrumpf-Romane, 1832. *»Man könnte fast meinen, dass die Besucher zum Kauf dieses berühmten Gegenmittels gedrängt werden sollen.«* Und auch David Hume, schottischer Philosoph der europäischen Aufklärung, urteilt 1748 über die Stadt Köln: *»Sie ist äußerst heruntergekommen und gerät sogar in Verfall. Nichts kann einen melancholischer machen als der Anblick vergangenen Reichtums und vergangener Pracht inmitten gegenwärtigen Niedergangs und Verfalls …«*[77]

Köln muss auch heute wieder aufpassen – es versinkt in Wurschtigkeit, Unfähigkeit, Korruption. Das Stadtarchiv stürzt ein, die Oper wird, anstatt das marode Bröckelteil aus den 60ern abzureißen, end- und sinnlos renoviert für bald eine halbe Milliarde – es wird nichts dabei herauskommen. Gute Leute werden vertrieben, mittelmäßige, die nicht aufmucken, herangeholt, wer will unter solchen Umständen hier noch arbeiten? Der Denk-

77 beide zit. nach Rainer Wieland, *Das Buch der Deutschland-Reisen*

malschutz funktioniert seit Jahren nicht, es werden Bauten, An- und Umbauten genehmigt, die einem die Sprache verschlagen, reiche Leute hacken geschützte Bäume einfach ab und zahlen dann eben Strafe. Die Stadt plant Trassen und Straßen falsch und fällt dann mal eben dreihundert Bäume, Bürgerprotest interessiert hier keinen, Köln baut auf dilettantische Verwaltung. Man muss sich nur mal das rheinische Grundgesetz (et rheinisch Jrundjesetz) ansehen – der Kabarettist Konrad Beikircher hat es genial zusammengefasst:

Der Bucheinband von Konrad Beikirchers *Et kütt wie't kütt*

Et rheinisch Jrundjesetz

Artikel 1: Et es wie et es.
(»Es ist, wie es ist.«)
Sieh den Tatsachen ins Auge, du kannst eh nichts ändern.

Artikel 2: Et kütt wie et kütt.
(»Es kommt, wie es kommt.«)
Füge dich in das Unabwendbare; du kannst ohnehin nichts am Lauf der Dinge ändern.

Artikel 3: Et hätt noch emmer joot jejange.
(»Es ist bisher noch immer gut gegangen.«)
Was gestern gut gegangen ist, wird auch morgen funktionieren. Situationsabhängig auch: Wir wissen, es ist Murks, aber es wird schon gut gehen.

Artikel 4: Wat fott es, es fott.
(»Was fort ist, ist fort.«)
Jammer den Dingen nicht nach und trauer nicht um längst vergessene Dinge.

Artikel 5: Et bliev nix wie et wor.
(»Es bleibt nichts, wie es war.«)
Sei offen für Neuerungen.

Artikel 6: Kenne mer nit, bruche mer nit, fott domet.
(»Kennen wir nicht, brauchen wir nicht, fort damit.«)
Sei kritisch, wenn Neuerungen überhandnehmen.

Artikel 7: Wat wells de maache?
(»Was willst du machen?«)
Füg dich in dein Schicksal.

Artikel 8: Maach et joot, ävver nit zo off.
(»Mach es gut, aber nicht zu oft.«)
Qualität über Quantität.

Artikel 9: Wat soll dä Kwatsch/Käu?
(»Was soll das sinnlose Gerede?«)
Stell immer die Universalfrage.

Artikel 10: Drinks de ejne met?
(»Trinkst du einen mit?«)
Komm dem Gebot der Gastfreundschaft nach.

Artikel 11: Do laachs de disch kapott.
(»Da lachst du dich kaputt.«)
Bewahr dir eine gesunde Einstellung zum Humor.[78]

Natürlich gibt es auch laufend neue Ergänzungen zu diesen in Köln alles Leben bestimmenden Regeln, etwa *»Et hätt noch schlimmer kumme könne«* beim Einsturz des Stadtarchivs oder *»Hammer immer su jemaat«*, haben wir immer so gemacht – geklüngelt, geschummelt, getrödelt, in die eigene Tasche gewirtschaftet, lieber noch einen mitgetrunken. Auch die Legende, dass sich früher Jungfrauen am Rhein in der Nacht der Sommersonnenwende in weißen Kleidern die nackten Arme wuschen, um somit aller Sünden ledig und wieder gereinigt zu sein zum Weitersündigen (Jungfrauen? So viele Sünden?) – das passt alles zu Köln: Sünden? *Fott damit.*

78 Konrad Beikircher, *Et kütt wie't kütt – Das rheinische Grundgesetz*

Welches Bier sich *Kölsch* nennen darf, regelt die Kölsch-Konvention von 1985

Aber Köln, immerhin Deutschlands viertgrößte Stadt, hat auch immer noch Charme, Lebensqualität, Lebenslust, hat den Dom, den Rhein, den Karneval. Köln hat grässlich drückendes Wetter, viele Kneipen, eine prächtige Philharmonie, die Krake WDR, die sich langsam durch die ganze Stadt frisst, und gewöhnungsbedürftiges Bier in kleinen Gläsern – hat man sich aber einmal ans Kölsch gewöhnt, fließt es runter wie nix. Der Kabarettist Heinrich Pachl soll gesagt haben: »*Köln ist die einzige Stadt der Welt, in der man das trinkt, was man spricht: Kölsch.*« Übrigens war Köln nicht immer die Bierstadt: Früher galt es als das Weinhaus der Hanse; Wein und Heringe wurden hier vor allem gehandelt.

Und der Kölner an sich: letztlich doch sehr sympathisch. Hier regt man sich einfach nicht auf. Das hat auch sein Gutes, mitunter. Schon Petrarca beneidete die Kölner 1333 um ihre »*heitere Zufriedenheit*«. »*Der einzige Maßstab, den Köln an sich anlegt, ist Köln*«, sagt der Kabarettist Robert Griess, das heißt letztlich: Mein Gott, so wie es ist, ist es doch gut. Der Rheingraben hat hier einen Bruch, es gibt immer wieder kleine Erdbeben in etwa zehn Kilometern Tiefe, und vielleicht kracht das ganze Gebilde samt Dom ja irgendwann mal zusammen. Dem Kölner macht das nichts. *Watt fott es, es fott.*

Schon ab hier heißt der Rhein Niederrhein und sorgt immer mal wieder für Hochwasser – zwei sogenannte Jahrhunderthochwasser mit Pegelständen von mehr als zehn Metern habe ich 1993 und 1995 selbst miterlebt und gestaunt, mit welcher Kraft und Schnelligkeit das Wasser stieg und alles mitriss. Und auch ein Niedrigwasser: Im September 2003 sank der Pegel auf genau achtzig Zentimeter, ist das zu glauben? Alles stand still.

Auch der Dom hat eine Hausnummer

Aus Colonia, der Kolonie der Römer, entwickelte sich Köln als Stadtname, die Kölner sagen Kölle. Kölle am Rhing, Köln am Rhein. Auch Köln wurde 1798 Teil der Republik Frankreich, und die Franzosen führten zur leichteren Erhebung von Steuern Hausnummern ein. Stellen Sie sich mal vor das Hauptportal des Kölner Doms, oben ist wie an jedem gewöhnlichen Haus auch eine Hausnummer, weiß auf blauem Email: 4. Wenn in Köln also jemand fragt: »*Wo ist denn der Kölner Dom?*«, sagt man nicht: »*Da steht er doch, du Tünnes*«, sondern man sagt: »*Domkloster 4, steht dran.*«

Der Dom heißt nicht einfach nur Kölner Dom, er heißt Hohe Domkirche St. Peter und Maria, und mit dem Bau wurde, wie in Köln ja üblich, ewig herumgetrödelt. All die großen Kirchenbauten zogen sich über Jahrhunderte hin, wurden aber irgendwann mal fertig. Köln nicht. Sechshundert Jahre hat man gebraucht, und richtig fertig ist das alles immer noch nicht. Das neue Fenster vom Künstler Gerhard Richter sorgte für viel Diskussionsstoff. Es besteht aus mehr als elftausend Farbquadraten in zweiundsiebzig Farbtönen und wirft ein geheimnisvoll schönes Licht in den Dom, es schafft ein stilles, religiöses Flair. Der Kardinal Meisner, der sich nun im Himmel mit Gott darüber streiten kann, warum er die Kölner nicht liebte und sie ihn nicht, hat gegen dieses Fenster gewettert. Abstrakte Kunst! Furchtbar! »*Das Fenster passt eher in eine Moschee oder ein anderes Gebetshaus. Wenn wir schon ein neues Fenster bekommen, soll es auch deutlich unseren Glauben widerspiegeln. Und nicht irgendeinen.*« Ach ja, der Kardinal Meisner. Mit dem hat Papst Johannes Paul II. den Kölnern so richtig eins ausgewischt. Für lange Zeit.

Lichtreflexe des Südquerhausfensters von Gerhard Richter im Inneren des Kölner Doms

Innenraum, Blick in das Langhaus von Westen nach Osten im Kölner Dom

Der größte Teil des Doms ist keine gotische Kathedrale, wie man hier gern angibt, sondern irgendetwas Neugotisches aus dem 19. Jahrhundert. Angefangen hat das so:

Der Erzbischof Rainald von Dassel bekam von Kaiser Barbarossa 1164 die Gebeine der Heiligen Drei Könige geschenkt, der hatte sie in Mailand geklaut, und dahin hatte sie Helena, die Mutter des Kaisers Konstantin I. im 3. Jahrhundert aus Palästina mitgebracht, ich denke mal: auch geklaut. (Köln zu den Vorwürfen des Reliquiendiebstahls: *Wennse datt nich jewollt hätten, hätten se sich ja jewehrt.*) In Köln ließ man – typische kölsche Überschätzung – den größten Schrein dafür bauen, den es je gegeben hat. Man baute vierzig Jahre, und dann war der Schrein so groß, dass er kaum richtig in den alten Dom passte, also musste eben ein neuer, größerer Dom her. Machen wir mal einen arg gekürzten ungefähren Zeitplan auf:

1164 kamen die Reliquien nach Köln.

1225 wurde geplant, den Dom zu vergrößern, auch, weil der alte dem Ansturm der Pilger nicht mehr standhielt, die wegen der Reliquie kamen.

1248 wurde dann tatsächlich mit dem Bau begonnen, in Köln dauert ja immer alles etwas länger.

Ende des 15. Jahrhunderts hatte man keine Lust und kein Geld mehr (durch Luthers Reformation war auch der lukrative Ablasshandel zusammengebrochen – man zahlte ordentlich, dafür wurden die Sünden vergeben, das ging ewig so weiter und erst Luther machte diesem Unfug ein Ende), und das ganze Unternehmen wurde erst mal eingestellt. Im 18. Jahrhundert kamen die Franzosen und nutzten das, was schon da war, wie immer bei sakralen Bauten, als Pferdestall und Futterlager.

Der Kölner Dom kurz vor der Fertigstellung 1880

Erst im 19. Jahrhundert baute man weiter, vorher wurde aber durchaus auch mal der Abriss der nun fast schon baufälligen Ruine erwogen. Der Kölner reißt gern ab. Unsere wunderschöne alte Oper, 1902 eingeweiht, 1943 im Krieg nur leicht beschädigt, wurde 1958 abgerissen, um einem – wie ich finde – hässlichen Neubau Platz zu machen, der heute mühselig saniert wird und nie den Charme, die Großzügigkeit und die Schönheit der alten Oper erreichen wird. Sie war so schön wie die in Wien. Man diskutiert, ob es nicht besser wäre, die inzwischen mit mehr als 360 Millionen bereits halbfertig sanierte Riphahn-Oper dann doch lieber abzureißen, weil das, was Kenner der Oper schon vor Jahren schrieben, eingetroffen ist: Dieses poröse Gebilde lässt sich nicht mehr renovieren. *Fott damit*. Versucht man es dennoch, kommt man auf eine halbe Milliarde und wird feststellen: Funktioniert trotzdem nicht, entspricht nicht heutigem Standard, dafür war dieses Gebäude nicht gemacht.

Die Dombauhütte nahm 1823 die Arbeit wieder auf, 1880, nach nun insgesamt rund sechshundert Jahren, war das Werk dann vollendet, die Türme allerdings bei der Einweihung immer noch eingerüstet. Wundert uns nicht, der Dom bröckelt immer vor sich hin, hat immer irgendwo ein Gerüst, und wenn er je

Die alte Oper in Köln, 1958 abgerissen

ganz fertig und ohne Gerüst sein wird, dann, sagt der Kölner, geht die Welt unter.

Unten an den Dom klatscht sich mit reichlich Beton der Bahnhof dran, dahinter kommt die prächtige eiserne Hohenzollernbrücke, durch Tausende von Liebesschlössern verunziert, die Schlüssel in den Rhein geworfen, damit die Liebe ewig halten möge. Als wüssten wir es nicht besser.

Immer noch ist die Hohenzollernbrücke an allen vier Ecken mit drei Kaisern und einem König geschmückt, alle auf hohen Sockeln und hohen Rössern, alles Friedriche oder Wilhelme oder Friedrich Wilhelme, kommt nicht so drauf an. Aber worauf es ankommt, und jetzt Achtung: Diese Brücke von 1859 war die erste feste Brücke über den deutschen Rhein seit der Römerzeit!

Der Dom guckt auf den Rhein, und vom Rhein aus sieht man weithin den Dom. Tom und ich haben nach der Schiffsreise die schönsten Gegenden ja noch mal mit dem Auto und zu Fuß abgeklappert – dazu gehört ein Ausflug auf den Drachenfels. Selbst von da oben sieht man die Domspitzen, das sind gute vierzig Kilometer Entfernung.

Gegenüber:
Kranhäuser im Kölner Rheinauhafen

Dem Dom vorgelagert sind seit einigen Jahren die drei berühmten Kranhäuser, je etwa sechzig Meter hoch, umgekehrte L's, die die Kräne hier im alten Rheinhafen symbolisieren sollen und – so empfinde ich es – das Panorama von Stadt und Dom empfindlich stören, aber darüber kann man natürlich verschiedener Ansicht sein.

Trotzdem: Köln hat was. Ich ärgere mich oft und bleibe doch hier wohnen, und ich lasse jetzt Wilhelm Grimm sprechen, einen der berühmten Brüder, um meine Mäkelei wieder auszugleichen. Er schrieb 1815 nach seiner ersten Rheinreise, wohl in einem Brief an die Brüder Jacob und Ludwig:

»Köln kommt mir jetzt als die einzige würdige Stadt vor, die ich kenne, schon der Eindruck, den der große Halbkreis mit seinen hundert Kirchen, denn so viele stehen noch, nachdem die Franzosen fünfzig zerstört haben, macht, ist ungemein; Sie liegt wie ein ungeheures Schiff in der Ebene. Aber mächtiger noch sind die Erinnerungen aus allen Zeiten von den Römern an durch die alte deutsche Zeit bis zum Mittelalter, die einem überall entgegenkommen; wer darin geboren ist und Sinn dafür hat, der muss an allen andern Orten Heimweh fühlen.«[79]
Grimm hat recht.

79 zit. nach: *Der Rhein im Spiegel der Dichtung*, zusammengestellt von Marianne Bernhard

Bonn
Königswinter
Bad Godesberg
Siebengebirge
Burg Drachenfels
Bad Honnef
Rolandseck
Remagen

Drachenfels und Rolandseck

Blick ins Siebengebirge
Historische Abbildung (Ausschnitt) um 1895

Der Tag, an dem wir auf den Drachenfels fuhren, war ein sonniger Sonntagnachmittag im Juli, ein klassischer Ausflugstag. Ich weiß nicht, wie viele Besucher der Drachenfels täglich erträgt, in diesen paar Stunden, die wir unterwegs waren, bestimmt mehrere Tausend. Eine Völkerwanderung schiebt sich erst durch die schmale Stadt, dann hoch auf diesen Berg, zu Fuß, per Bahn, früher ging es auch noch mit Eseln. Japan ist hier eindeutig ersetzt durch Holland, der Busparkplatz ist voll, der PKW-Parkplatz sowieso, wir klemmen uns verbotenerweise an irgendeine Hecke. Der Drachenfels ist derjenige von den sieben berühmten Bergen des Siebengebirges, der am nächsten am Rhein liegt – man hat die beste Aussicht. Man sieht Rhöndorf, wo Adenauer seine Rosen schnitt und Unkel, wo Willy Brandt zuletzt lebte. Und man blickt nach Norden zur Kölner Bucht: Tief, Tief, Tief, ein Tief nach dem andern, Köln liegt fast immer in einer Waschküche, in der man nicht atmen kann. Hier oben weht es frei und kühl. Hier oben ist alles fest zementiert, seit man nicht mehr, wie jahrhundertelang geschehen, die Steine für die Burgen, Schlösser und Dome aus diesem Felsen bricht. Jetzt: Stahlbeton und Schluss.

Adenauers Sarg wurde übrigens per Schiff über den Rhein von Köln nach Bad Honnef gebracht, das war im April 1967, und genau fünfzig Jahre später, im Juli 2017 reiste Kohls Sarg per Schiff nach Speyer. Was er alles hin- und herträgt, so ein Fluss.

Das Siebengebirge hat nicht sieben, sondern fast fünfzig Berge, eine schöne Bergkette mit dichten Wäldern und Wanderwegen ist das, aber nur die sieben höchsten Berge geben dem Ganzen seinen Namen und sind berühmt. Hier die Namen, falls das bei Günther Jauch mal die 500 000-Euro-Frage wird:

Drachenfels (320 Meter), Großer Ölberg (460 Meter), Löwenburg (455 Meter), Nonnenstromberg (335 Meter), Petersberg (336 Meter), Lohrberg (432 Meter) und Wolkenburg (324 Meter).

Als ich ein Teenager war und bei Pflegeltern in Bonn lebte, kam ab und zu mein schneidiger, etwas windiger Vater mit einem seiner flotten Autos angebraust, lud mich ein und wir fuhren immer ins Siebengebirge. Auf dem Petersberg oder dem Drachenfels kehrten wir ein, ich kriegte Fanta, er trank Piccolöchen und machte kleine Zauberkunststücke, beeindruckte und beflirtete die Kellnerinnen, und ich wusste nie, ob ich auf ihn stolz sein oder mich für ihn schämen sollte. Das Siebengebirge hat er mir jedenfalls für immer verdorben, ich kann es nur mit nagender Wehmut ansehen, und das Glück wollte sich auch jetzt bei diesem Ausflug nach so vielen Jahrzehnten nicht einstellen. Die Kellnerinnen, damals mit Bleistift, Blöckchen, weißer Schürze, heute weitflächig tätowiert, in Jeans und mit elektronischem Bestellgerät, würden nicht mehr errötend auf die Scherze meines Vaters reinfallen. Der einst zerbröselnde Drachenfels mit den Burgresten ist nicht nur ganz und gar festbetoniert, das Plateau ist auch großzügig ausgebaut, bietet Biergarten und Restaurant für die Menschenmassen, die sich hier hochwälzen. Auf der Fahrkarte für das Bähnchen – die älteste Zahnradbahn Deutschlands seit 1882, Kosten: zehn Euro, keine Ermäßigung für Senioren und Studenten – steht: »*Auf zum Gipfel des Vergnügens*«. Aber ein wirkliches Vergnügen ist es nicht. Man steht überall Schlange, für Karte, Bähnchen, Sitzplatz, Aussichtsplatz, Eis, Wurst, und vom Besuch der Nibelungenhalle in der Drachenburg (tausend nachgemachte Baustile aus tausend Jahren) auf halber Strecke haben wir diesmal wegen des Andrangs abgesehen. 1913, zum hundertsten Geburtstag von Richard Wagner wurde sie eröffnet, und dort dräuen künstlerisch dann doch eher fragwürdige, düstere Gemälde zu Wagners vier Ringopern. Es gibt Siegfrieds Drachen am Weiher, dreizehn Meter lang aus Stein? Plastik? Und im Reptilienzoo sollen jetzt echte Alligato-

Fahrplan der Drachenfelsbahn, um 1900

Mit der Fahrkarte geht's hinauf

ren sein. Volksvergnügen pur also, täglich geöffnet, Heiligabend geschlossen, Hunde an die Leine, Kinderwagen in der Nibelungenhalle bitte vorn parken.

Warum heißt der Drachenfels Drachenfels? Das hat niemand schöner erzählt als die Brüder Jacob und Wilhelm Grimm, ich mache es kurz:

Auf dem Berg wohnte einst ein böser Drache, den man mit Menschenopfern ernährte, vorwiegend Kriegsgefangenen, die man nicht mehr brauchte. Das war eben damals unter Heiden so. Einmal hatte man irgendwo eine herrliche christliche Jungfrau geraubt, und um die stritten sich gleich zwei Anführer. Damit es keinen Krach gab, beschloss man: Soll sie doch der Drache kriegen. Jungfrau also im weißen Kleid an den Baum gebunden, Drache kommt, Volk steht und freut sich auf blutiges Spektakel, aber da:

Burgruine Drachenfels in Königswinter

»Die Jungfrau erschrak nicht – sie zog aus dem Busen ein Kreuz mit dem Bilde des Erlösers und hielt es dem Drachen entgegen. Dieser bebte zurück, und mit fürchterlichem Gezisch stürzte er sich in die Fluten des nahen Rheinstromes und ward nie wieder gesehen.«[80]

Da staunten die Heiden nicht schlecht, guckten sich das Kreuz an, wollten auch sowas haben, und *»so kam das Christentum in diese Gegend«*.

Dass hier eine Nibelungenhalle steht, hat also nichts mit Siegfrieds Drachen zu tun, aber Drache ist Drache, oder? Kommt nicht so drauf an.

Den Drachenfels erreicht man von Königswinter aus, und weil wir nun schon mal da waren, haben wir nach dem Denkmal für jenen Wolfgang Müller von Königswinter gesucht, der eigentlich Arzt war, aber so prächtige Hymnen auf den Rhein schrieb, dass in Köln doch immerhin eine Sackgasse nach ihm benannt wurde und seine Heimatstadt Königswinter ihm 1896, dreiundzwanzig Jahre nach seinem Tod, ein Denkmal setzte. Und wie so oft im Rheinland wurde aus etwas, das als Ehre gedacht war, eine Posse:

80 *Der Rhein in Mythen, Märchen und Erzählungen*

Wolfgang Müller von Königswinter Büste von Otto Lessing, 1896

Es gab ein *Lokal-Comitee für die Errichtung des Wolfgang-Müller-Denkmals*, das sich als Standort das hässliche Nordende der Rheinpromenade wünschte, um da auch mal was Schönes zu haben. Die Domstadt Köln, die das Denkmal wesentlich mitfinanzierte, war für das Südende und drohte, das Denkmal sonst gleich in Köln aufzustellen. Nun mischten sich Kölner Karnevalisten ein, der *Verein gedienter Cölner Funken* höhnte: Man könne ja im Norden der Rheinpromenade von Königswinter dann gern ein anderes Denkmal aufstellen, wie wär's denn mit einem für Ritter Udo vom Drachenfels? Also reisten die Kölner Karnevalisten via Rhein vergnügt mit dem Schiff an in vollem Ornat mit Säbeln, Uniformen, Flinten und Standarten, und auf ihrem Schiff brachten sie reichlich Kölschfässchen, einen Gaul und einen Ritter aus Pappmaché mit, Ritter Udo eben. Ritter Udo wurde aufgestellt, der Abend endete im Besäufnis, ein »*Fastnachtswitz in der Julihitz*'« hieß es. Das echte Wolfgang-Müller-Denkmal wurde zunächst aus Versehen vom Bildhauer Otto Lessing nach Königsberg geschickt, fängt ja auch mit *Kö* an, meine Güte, landete schließlich aber in Königswinter und wechselte da mehrmals den Standort. Inzwischen steht es dann doch im Süden an der Haltestelle *Königswinter-Denkmal* der Trambahnlinie 66 und unser Dichter blickt nach Norden, zu seinem ersten Standort. Im Rheinland ist eben alles immer ein bisschen blödsinniger, auch hier. Im Sockel des Denkmals steht geschrieben: »*Wo ich bin, wo ich gehe, mein Herze ist am Rhein.*«

Und irgendwie reizt es mich jetzt, an dieser Stelle den sehr schönen Refrain eines Karnevalsliedes der Gruppe *Die 3 Colonias* zu zitieren, der da lautet:

»*Es war in Königswinter,*
nicht davor und nicht dahinter.
Es war gleich mittendrin,
als ich damals auf dich reingefallen bin.«

Von Königswinter setzen wir mit der Rheinfähre über aufs linke Ufer, wir wollen uns den schönen alten Bahnhof Rolandseck ansehen und das elegante moderne Hans Arp Museum. Auf der Fähre sind nur wenige Autos, aber bestimmt dreißig Biker. Hier am Rhein ist die B 42 die traditionelle Bikerstrecke, yeah, »*get out your motor running, head out on the highway, looking for adventure, in whatever comes our way – born to be wild!*«[81]

Blick auf den alten Bahnhof und das Hans Arp Museum

Folgende Doppelseite: Blick auf die Insel Nonnenwerth

An der Wand der Fähre kann man Apostel 16, Vers 21 lesen: »*Glaube an den Herr Jesus und du wirst errettet werden.*« Wir hoffen sehr, dass die Fähre nicht sinkt, denn wir sind uns bei all diesen Steppenwölfen mit dem Herrn Jesus nicht so sicher. Aber es ist doch auf jeden Fall gut, dass durch die Jungfrau vom Drachenfels der Gedanke der Rettung schon mal an den Rhein gedrungen ist. Heraklit, dessen Gedanke »*Alles fließt*« unserem Buch, unserer Reise am Rhein entlang den Titel gab, hatte auch gesagt: nie einen Fluss überqueren, ohne zu beten.

Rolandseck ist das Gegenmodell zum Drachenfels. Hier geht es nicht um Pommes, Bähnchen, Lindwurm, Eis und Volksbelustigung, hier ist alles edel, elegant, weiß, klar, gerade. Der historische, klassizistische und fabelhaft restaurierte alte Bahnhof Rolandseck verbindet sich durch einen Eisenbahntunnel perfekt mit dem hoch im Berg gelegenen Arp Museum, vor zehn Jahren vom amerikanischen Stararchitekten Richard Meier klug und großzügig gebaut. Es steht schneeweiß oben auf dem Berg, ein enormer Kontrast zu all den Burgen. Der Tunnel zum Fahrstuhl wird kühl und doch zauberhaft beleuchtet mit einer siebzehn Meter langen Leuchtspirale von Barbara Trautmann – genannt Kaa, die Schlange, nach Kiplings *Dschungelbuch*-Figur. Man fährt mit einem gläsernen Fahrstuhl durch die Felsen hoch. Schon das ist atemberaubend –, man blickt auf die Spuren der Bohrer, die sich hier durch den Felsen gefressen haben –, und die Aussicht oben erst recht: keine tausend Jahre alten Burgzinnen, sondern zehn Jahre alte Moderne mit Blick auf das Siebengebirge und den Rhein, das hat was. Die Neuwieder Prinzessin Elisabeth zu Wied, nach ihrer Heirat Königin

81 Steppenwolf, *Born to be wild* 1968

von Rumänien und unter dem Pseudonym Carmen Sylva Dichterin, schrieb:

> *»Der Bahnhof von Rolandseck!*
> *Das ist am ganzen Rheine*
> *im Maiensonnenscheine*
> *der allerschönste Fleck!«*[82]

Das trifft für uns an diesem Tag auch auf den Julisonnenschein zu – welche Erholung nach dem Drachenfelsgetümmel!

Das Museum zeigt gerade eine Henry Moore-Ausstellung, große, ruhige Formen, und an den Wänden erfreuen uns herrliche Aussagen des Künstlers Hans Arp, zum Beispiel: *»Niemand kann mir nachweisen, dass ich je eine Nymphe, einen General oder einen Adler modelliert habe.«* Nein: Diese Zone ist kitsch-, kriegs- und nationalismusfrei.

Titelblatt *Die Zelle von Nonnenwerth* von Franz Liszt

Wir blicken von oben auf die im Rhein gelegene Insel Nonnenwerth, die Franz Liszt sich einst kaufen wollte, dann aber vor den hohen Kosten für die Uferbefestigungen zurückschreckte. Er verlebte hier Mitte des 19. Jahrhunderts drei herrliche Sommer zuerst nur mit seiner Geliebten, der Gräfin d'Agoult und später auch mit der gemeinsamen Tochter Cosima, die dann Frau Wagner wurde. Mit seiner anderen Geliebten George Sand war er auch hier, aber wenn die Gräfin anreiste, musste die Dichterin schleunigst die Fähre nehmen. Liszt hat von hier aus Bonn, Koblenz, Köln besucht und ein Klavierkonzert in Köln zugesagt – Benefiz für den Kölner Dom. Das war im Sommer 1841, und dreihundertvierzig glückliche Mitglieder der Philharmonischen Gesellschaft Köln holten ihren Star mit einem blumengeschmückten Dampfer ab. Es gab ein Festmahl, und Liszt soll einen Trinkspruch auf den Rhein, die Musik, den Männergesang im Besonderen ausgebracht haben, dergestalt, dass *»kein Land etwas Ähnliches besitze wie die Liedertafeln Deutschlands und insbesondere die Liedertafeln am Rhein«*. Und er hat Rheinlieder komponiert, zwei nach Texten von Heine, auch die Loreley.

82 Carmen Sylva, *Mein Rhein!*

Am 22. Oktober 1841 feierte Liszt auf Nonnenwerth seinen dreißigsten Geburtstag und pflanzte eine Platane, natürlich mit Champagner begossen. Heute ist der Baum dreißig Meter hoch und der größte auf der kleinen Insel.

Diese Gegend hat etwas Unwiderstehliches, ja, der Massentourismus hat schon seine Gründe: weil es eben am Rhein so schön ist. Und doch gibt es immer wieder Ecken, die nicht so überlaufen sind, und das hier ist eine.

Der junge Dichter Guillaume Apollinaire (eigentlich hieß er Wilhelm de Wąż-Kostrowitzky, ein Nachfahre polnischen Kleinadels) hat hier 1901/1902 ein Jahr lang als Hauslehrer gelebt, von der Gegend bezaubert, unglücklich verliebt, da war die Romantik längst vorbei. Aber er hat ihr nachgespürt und viele Gedichte auf den Rhein, auf Köln, auf Rolandseck geschrieben; ich mag am liebsten dieses hier:

Guillaume Apollinaire
Zeichnung

In Rolandseck träumte ich auf dem grünen Ufer
Die Nonne Rolands auf der Insel Nonnenwerth
Schien ihr Alter unter den kleinen Mädchen zu verlieren

Die sieben Berge träumten wie Tiere
Endlich müde die legendären Prinzessinnen
zu bewachen
Und träumend wartete ich auf die
rechteckige Fähre

Vom Berge kamen Leute um
den Fluss zu überqueren
Drei Damen mit hannoverschem Akzent
Blätterten grundlos Rosen in den Rhein
Der eine Ader deines so edlen Körpers
zu sein scheint

Auf der mit Schatten befleckten Straße
am Fluss entlang

Rolandseck, Nonnenwerth und Drachenfels
Gemälde (Ausschnitt) von William Turner, 1817

Flohen vor Furcht zitternd
Die Autos wie unwürdige Reiter
Während sich auf dem Band des Rheins
Dampfschiffe entfernten[83]

Im 19. Jahrhundert aber muss halb England hier gewesen sein, viele Werke der Literatur zeugen davon, auch William M. Thackerays berühmter Roman *Jahrmarkt der Eitelkeiten*. Man reist zum Rhein und ist überglücklich, von Poesie geradezu hingerissen:

»Oh, die herrlichen Rheingärten. Liebliche Bilder des Friedens und Sonnenscheins! Ihr majestätischen rotglühenden Berge, deren Gipfel sich in dem prächtigen Strom spiegeln – wer hat euch je gesehen und bewahrte nicht ein dankbares Andenken an diese Szenen freundlicher Ruhe und Harmonie? Die Feder niederzulegen und nur an das schöne Rheinland zu denken, macht schon glücklich.«[84]

Der Maler William Turner hat diese Bilder freundlicher Ruhe und Schönheit bewahrt, er malte Rolandseck, Nonnenwerth, den Drachenfels, brachte sie auch als Drucke unters Volk und wurde reich damit. Nicht alle Romantiker waren schwärmerische Hungerleider. Damals wie heute ließ sich mit dem Schönen durchaus Geschäfte machen.

Der reisende Engländer

Zwischen 1790 und 1840 erschienen über einhundertzwanzig Reiseführer zum Thema Rhein. Auch Karl Baedeker brachte 1835 seinen ersten Band in der berühmten langen Reihe der Baedekers heraus, Thema: eine Reise am Rhein entlang. Vieles von der Stimmung, die die alten Reiseführer schwärmerisch beschreiben, gibt es so heute nicht mehr. Nur Burgen, Berge und Rhein sind noch da. Und die Loreley kämmt sich wie eh und je, sonst würden wir ja nicht alle immerzu hochgucken.

Ich bin erstaunt über mich selbst und all die Wehmut, die sich auf dieser Rheinreise einstellt. Ich hatte gedacht, ich wäre nüchterner. Aber vieles überwältigt mich, gegen manche Schönheit kommt man mit Bleistift und Notizblock so wenig an wie gegen manchen Verlust und gegen all die Erinnerungen. Ich denke an das Gedicht von Nikolaus Lenau, *Blick in den Strom*, das ich mit

83 Guillaume Apollinaire, *Rolandseck*
84 William M. Thackeray, *Jahrmarkt der Eitelkeiten*

15 Jahren in grüner Tinte unglücklich verliebt oben auf dem Alten Zoll in Bonn in mein erstes Tagebuch geschrieben habe und das so beginnt:

»Sahst du ein Glück vorübergehn,
das nie sich wiederfindet,
ist's gut in einen Strom zu sehn,
wo alles wogt und schwindet«[85]

»Blick unverwandt hinab zum Fluss«, heißt es später im Gedicht, das soll trösten … schon mein Lieblingsdichter Gottfried Benn, dessen Gedichte in meinem Tagebuch sehr bald auf Mörike, Lenau und Rilke folgten und dann nie mehr von irgendwelchen anderen übertroffen werden konnten, schon Benn sagte 1947: *»Sich abfinden und gelegentlich auf Wasser sehn.«*[86] Weise.

Gottfried Benn in seinem Arbeitszimmer

Und vom Dichter August Graf Platen ist der Satz von 1815 überliefert: *»Es ist mir immer wohltätig, den Rhein zu sehen.«*[87]

In Remagen blicken wir auf die roten Backstein-Brückenstümpfe. Das war die berühmte Ludendorff-Eisenbahnbrücke aus dem Ersten Weltkrieg, die der Führer sprengen lassen wollte, damit die Amerikaner nicht rüber konnten ins Ruhrgebiet.

Brückenkopf der Ludendorff-Brücke in Remagen

85 Nikolaus Lenau, *Blick in den Strom*
86 Gottfried Benn, *Der Ptolemäer*
87 zit. nach: *Der Rhein im Spiegel der Dichtung*

Gegenüber:
Panta Rhei
mit Schwänen

Man nahm den falschen Sprengstoff, außerdem zu wenig, die Brücke schwankte nur mal kurz und stand, die dafür Verantwortlichen wurden erschossen. Am 7. März 1944 konnten die Amerikaner also nach und nach mit achtzehn Regimentern hinüber und das sorgte wohl dafür, dass der Zweite Weltkrieg ein paar Wochen früher enden konnte. Zehn Tage später krachte die Brücke dann plötzlich doch noch zusammen und es gab zweiunddreißig Tote. Die Brückenpfeiler rechts und links stehen noch heute mahnend da wie zwei faule alte Zähne.

Nicht weit von der Brücke war das Gefangenenlager *Goldene Meile*, etwa 300 000 deutsche Soldaten sollen dort unter elenden Umständen bis Juli 1945 zusammengepfercht worden sein, darunter auch die von Hitler noch zuletzt mobilisierten Kindersoldaten und der Dichter Günter Eich, der ein Gedicht über das Lager geschrieben hat. Heute ist genau an dieser Stelle ein Campingplatz.

PANTA RHEI

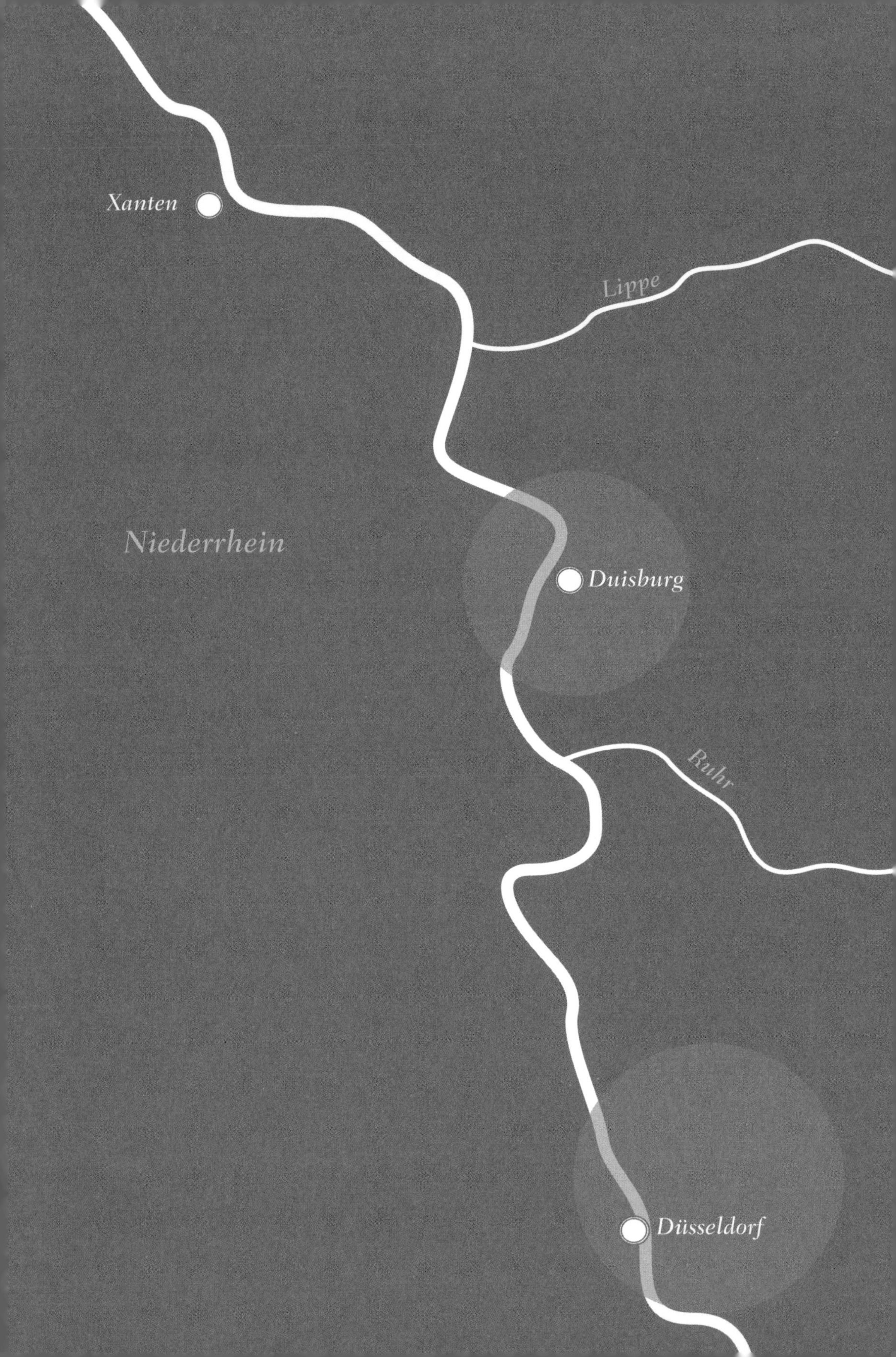
Xanten
Lippe
Niederrhein
Duisburg
Ruhr
Düsseldorf

Das Ruhrgebiet

Das Schiff fährt weiter, nun geht es ohne Halt durch bis Amsterdam.

Die Ford-Werke, der Dormagener Chemiepark, die Bayer AG in Leverkusen und das Gefühl: Man weiß nie, was für eine ökologische Schweinerei da gerade wieder passiert, zu trauen ist ihnen ja doch nicht. Die Leverkusener Berge, aufgeschütteter Müll – nicht zu übersehen, eine Deponie von geradezu apokalyptischer Toxizität. Erst als im Fernsehen darüber berichtet wurde, setzte bei Bayer ein Umdenken ein. Es geht ja nicht um Natur, es geht um Gewinn. Tümmers schreibt in seinem Buch, das sich genau dieser Themen – Umweltverschmutzung, Naturverschandelung, Giftskandale – besonders annimmt:

Industrieanlagen am Rhein

»Bei Licht besehen haben sie alle, nicht nur Bayer, Dreck am Stecken. Die Katastrophenorte Seveso, Bhopal oder Schweizerhalle haben sich ins Gedächtnis eingenistet. Es waren Katastrophen in Friedenszeiten.«[88] An das, was Hoechst bei Frankfurt, Hoechst-Tochter Kalle bei Wiesbaden, Boehringer bei Ingelheim an Gift, Säuren, Laugen jahrzehntelang in Rhein und Main kippten, mit Duldung der Behörden natürlich, mag man gar nicht denken. Ja: Es ist besser geworden. Aber im Kopf bleibt haften, dass sie alle – ehe sie nicht gründlich ermahnt, bestraft, kontrolliert wurden – nicht den geringsten Respekt vor dem haben, was uns am Leben erhält: Luft, Wasser, Boden. Und jeder neue Skandal, der wieder öffentlich wird – Gift in der Nahrung, Toxide im Grundwasser, kranke Tiere – zeigt nur: Umdenken reicht nicht. Anders denken wäre gut.

Und dann, plötzlich, weite Rheinauen, grün und friedlich, als wäre nichts gewesen, Schäfchen am Wasser. Man hält es kaum aus, das alles nebeneinander und das Gefühl: Schäfchen,

88 Horst Johannes Tümmers, *Der Rhein. Ein europäischer Fluss und seine Geschichte*

Theodor-Heuss-Brücke in Düsseldorf

trinkt hier lieber nicht. Und die nächste Industriebombe naht auch schon bei Kilometer 710, ein Chemiepark mit Röhren und Türmen, mit Kränen und Abgasflammen, der Rhein hat Ölflecken und die Frachter fahren einer hinter dem anderen, wie die Autos auf der Autobahn, *Bolero* mit Containern, *Willem* mit Kies, *Schloss Versailles* mit Gas, *Atlas* mit Benzin, *Jolanda*, *Andiamo*, *Carpe noctem* mit was weiß ich. Ein Vierer mit Steuermann kämpft gegen die Strömung, der Rhein ist graubraun und es riecht nach Diesel. Und da kommt uns wahrhaftig bei Kilometer 719 ein Schiff entgegen, das heißt *Panta Rhei*, Alles fließt, und in dem Moment hat unser Buch seinen Namen gefunden.

Es geht an Düsseldorf vorbei, wo – sagt man – die Millionäre wohnen. Etwa vierhundert sollen es sein, einige davon gar Milliardäre. Zumindest wohnen zweiundzwanzig der fünfhundert reichsten Menschen Deutschlands in dieser Stadt Düsseldorf, in der 16 % der Einwohner unterhalb der Armutsgrenze leben. Manchmal sind ja Zahlen doch auch interessant.

Schifffahrtsmuseum im erhaltenen Teil des Düsseldorfer Schlosses

Düsseldorf hat in der Altstadt die sogenannte längste Theke der Welt, nämlich eine Kneipe an der anderen, und getrunken wird Alt-Bier – der Kölner schüttelt sich. Düsseldorf hat die *Toten Hosen* und Japantown, eine erstaunlich große japanische Gemeinde. Man schätzt, dass zehntausend Japaner in Düsseldorf leben, die ersten kamen nach dem Krieg. Das ebenfalls zerstörte Japan suchte hier im Zentrum der deutschen Schwerindustrie nach Stahl, und die ersten Unternehmen siedelten sich an – nicht neben den Stahlwerken natürlich, sondern im feinen Düsseldorf. Jedes Jahr im Mai oder Juni wird das Zusammenleben mit einem Japan-Tag am Rhein gefeiert. Das älteste noch bestehende deutsche Kabarett steht in Düsseldorf, das Kom(m)ödchen, 1947 von Kay und Lore Lorentz gegründet – auch Harald Schmidt machte hier seine ersten Scherze vor Publikum. Silvia Sommerlath wurde in dieser Stadt konfirmiert und ist heute Königin von Schweden. Außer den *Toten Hosen* kommen auch der blonde, singende Bäckergeselle Heino, die Pionierband des Elektropop, *Kraftwerk,* und Marius Müller-Westernhagen aus Düsseldorf, und Robert und Clara Schumann haben hier gewohnt und waren unglücklich. Der Sachse Robert, 1850 als städtischer Musikdirektor angestellt, kam mit den Rheinländern nicht klar. 1853 legte man ihm nahe, sein Amt doch wieder niederzulegen, und er, ohnehin krank, verwand diese Demütigung kaum. 1854, an einem kalten Februartag – ein Rosenmontag! – schlich er in Pantoffeln aus dem Haus Bilkerstraße 15 und stürzte sich von der nahen Rheinbrücke in den Fluss. Er wurde gerettet und verbrachte seine letzten kläglichen beiden Lebensjahre in einer Nervenheilanstalt in Bonn Endenich. Aber seine Dritte Symphonie, *Die Rheinische*, die entstand noch kurz nach dem Umzug nach Düsseldorf in euphorischer Stimmung. Sie klingt leicht und fröhlich, der Kölner Dom, soll er gesagt haben, habe ihn zu dieser Musik 1850 inspiriert.

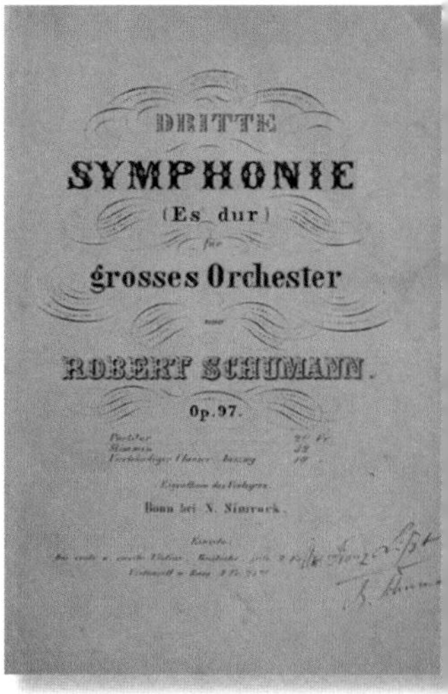

Titelseite der Originalpartitur von Robert Schumanns Dritter Sinfonie, mit Widmung an Franz Liszt

Düsseldorf und Köln pflegen eine schöne, beide Seiten zutiefst befriedigende Erzfeindschaft, arbeiten aber doch manchmal zusammen. So fand der Strafprozess gegen den Vampir von Düsseldorf, den Serienmörder Peter Kürten, 1931 in Düsseldorf statt, hingerichtet wurde er aber in Köln. Einer der besten Songs von Randy Newman, der eine Düsseldorferin geheiratet hat, erzählt davon, wie drei Jahre später, 1934, auch wieder einer vom Morden in Düsseldorf träumt:

»In Germany before the war
There was a man who owned a store
In nineteen hundred thirty-four
In Düsseldorf
And every night at fine-o-nine
He'd cross the park down to the Rhine
And he'd sit there by the shore

I'm looking at the river
But I'm thinking of the sea
Thinking of the sea

Thinking of the sea
I'm looking at the river
But I'm thinking of the sea«[89]

Filmplakat
M – Eine Stadt sucht einen Mörder

Einer der ersten Tonfilme, *M – Eine Stadt sucht einen Mörder* von Fritz Lang, war durch dieses Peter Kürten-Drama aus Düsseldorf inspiriert.

Als das Industriezeitalter begann, wurde Düsseldorf am Rand des Ruhrgebiets schnell zu der Stadt, in der Verwaltung, Banken und Börse standen, man sprach vom »Schreibtisch des Ruhrgebiets« – die Hochöfen qualmten woanders. Nach dem Zweiten Weltkrieg saß Düsseldorf auf zehn Millionen Kubikmetern Schutt – nahezu ALLES war kaputt, alle Brücken, die meisten Straßen, die Hochwasserdeiche, der Rheinboulevard. Ein großes Aufräumen begann, und heute ist alles geleckt und picobello, und was unter dem von der Bundesregierung 2009 verliehenen Titel »Ort der Vielfalt« zu verstehen ist, habe ich in meiner Einfalt nie begriffen.

Jetzt gleiten wir mit der *Rheinmelodie* an Düsseldorf einfach so vorbei und sehen auf schöne weite Wiesen. Noch. Denn nun wirft sich das Ruhrgebiet mächtig ins Zeug. Kraftwerke, Kühltürme, Stichflammen, es brennt, es stinkt, noch zwei Kühltürme, noch drei Schornsteine, noch ein alter Förderturm, noch ein Hüttenwerk, noch eine Gasflamme, wir sind in der Hölle. Hier war das Zentrum der Industrie, seit man – schon im 15. Jahrhundert – Kohle fand, was bedeutet: Hier waren mal Wälder. Alles weg. Hier in der Gegend bin ich aufgewachsen und habe das alles so gehasst, dass ich später nie wieder hingefahren bin, als es hieß: Ist alles schön grün jetzt. Mag sein, aber meine Lungen sind ruiniert worden, da war ich noch keine zehn, der Ton in dieser Gegend war ruppig und das Geld knapp, die Eltern verarbeitet und müde, die Kinder im Weg, die erste Kuh sah ich mit zwölf. Später habe ich die Ruhrtriennale in den alten Industriebauten in Bochum (Jahrhunderthalle) und Oberhausen (Gasometer) schätzen gelernt, später habe ich als Else Stratmann das,

89 Randy Newman, *In Germany before the war*

was an den Menschen hier lakonisch, witzig und ungebrochen frech war, zu Kabarett gemacht. Aber geliebt habe ich das alles nie, dazu hat mir meine Kindheit zu viel angetan. Ich kann nichts Romantisches sehen am Ruhrgebiet, und ich sehe auch heute vom Schiff aus all die halb verfallenen Bauten und die hässlichen Abraumhalden mit Abscheu. Es ist der Geruch meiner Kindheit, den ich hier wieder wittere, er treibt mich unter Deck zu einem Rosé.

Das Ruhrgebiet bei Duisburg

Und es geht unzählige Kilometer so weiter mit den Industrieanlagen und Kühltürmen, manchmal direkt am Ufer, manchmal in der Ferne, da liegt Oberhausen, und auch, wenn heute keine Kohle mehr gefördert wird, auch wenn wir hier einer sterbenden Gegend zusehen, auch wenn es nicht mehr so qualmt – doch, da: es qualmt, wir sind mehr als dreißig Kilometer gefahren, es qualmt noch immer, es qualmt schon wieder, eine Raffinerie, eine Kupferhütte, ein Kraftwerk, bei Kilometer 792 ein Riesenkühlturm, furchterregend direkt am Ufer. Er nimmt Rheinwasser, er gibt Kühlwasser zurück, wie soll hier noch etwas leben? Wie sollen Menschen hier ans Ufer ihres Flusses kommen? Kilometer 793, der Hafen Orsoy, zwei riesige Verladekräne, Schienen für Güterwaggons direkt bis zum Pier, gegenüber das Kraftwerk Duisburg-Walsum, überhaupt: Duisburg! Hier fließt die Ruhr in den Rhein, hier ist Europas größter Binnenhafen mit einundzwanzig Hafenbecken. Rechnet man alle zusammen, kommt man auf den größten Binnenhafen der Welt. Zweihundertfünfzig Firmen bieten hier im Hafen rund sechsunddreißigtausend Arbeitsplätze. Von hier aus geht es auf dem Rhein, der Ruhr oder auch auf Kanälen nach Amsterdam, Rotterdam, Antwerpen, Hamburg. Sogar zwei Kirchenschiffe pendeln für die Seeleute – eins evangelisch, eins katholisch. (Da fällt mir die Straßenbahn mit Speisewagen ein, die in meiner Kindheit für die Zechenkumpels quer durchs Ruhrgebiet fuhr, ich glaube, über Duisburg und Krefeld, ich glaube es war eine Linie 76 oder 79; man konnte in der Straßenbahn Frikadellen, Würstchen, Kaffee, Bier, Schnäpschen frühstücken oder zu Abend essen, je nach Schicht.)

Ruhrzufluss in den Rhein

Tagebau Garzweiler

Der Duisburger Hafen ist heute, infolge der Krise in der Eisen-, Stahl- und Kohleindustrie (die ganz schleichend schon in den späten 50er-Jahren begann – Öl, Gas, Billigimporteure traten gegen Kohle an), eher sowas wie eine Logistikdrehscheibe, heißt *duisport* und ist ein von Norman Foster elegant ausgebauter Medienhafen. Aber Thyssen betreibt in der Nähe immer noch einen Hochofen, ansonsten: Gute Luft trotz fünf Millionen Tonnen Stahl pro Jahr hier. Die dicke Luft ist jetzt in China, da machen sie drei Millionen Tonnen Stahl *pro Tag*.

Ein Stahlwerk, ein Hüttenwerk, eine Verladerampe, plötzlich: weiße Kühe am Ufer, als hätte Fellini sie dahin gestellt. Kilometer 798, ein extrem hässliches Gebilde mit gleich drei Schornsteinen, Kilometer 799, vier Kraftwerksklötze mit Kühltürmen, der Himmel vom Dampf verdunkelt, der Rhein hält es aus, ich nicht. Im Hintergrund weiß ich das Gebiet vom Braunkohle-Tagebau Garzweiler, einer der schlimmsten Anblicke auf dieser Erde, dagegen sind Mondlandschaften putzig. Was Profit bedeutet – hier sieht man es.

Einst war das vielen Menschen Heimat. Und noch früher waren es die großen Urwälder, vor Jahrmillionen. Jetzt fressen sich die Bagger durch den Boden und zack, verheizen wir, was sie finden. Wenn leer gebaggert ist, heißt es, soll der Rhein mit seinem Wasser diese Grube gnädig zudecken. Er wird dafür vierzig Jahre brauchen, hat man errechnet. Und irgendwann ist das Kohlenzeitalter, in dem ich aufgewachsen bin, dann vorbei.

Ich gehe in die Kabine und ziehe mir die Decke über den Kopf und denke an Onkel Hans und Opa Albert, die als Schlosser bei Krupp geschuftet haben, an Onkel Metzkowitz, Steinstaublunge, an Tante Paulas Riesenkaninchen in engen Käfigen – Sonntags gab's Kaninchenbraten und die Kinder heulten, weil Fluppi geschlachtet wurde. Ich erinnere mich an Klausi, den Nachbarsjungen, mit einer Granate aus dem Krieg in der Luft zerfetzt, an dreckige Hemdkrägen nach nur zwei Stunden Tragen, an von der Luft zerfressene Nylonstrümpfe, von den Lungen ganz zu schweigen. Die meine war endgültig hin, als ich

dreiundzwanzig war – nur ein kleines Stück gerade so zum Leben blieb. Ich denke an die rauen, verarbeiteten Hände meiner Eltern, an die Tränen, das Geschrei in zu engen Wohnungen, an Prügel und an den Schulaufsatz nach den Sommerferien: *»Rückkehr ins Industriegebiet von außerhalb der Dunstglocke.«* Ich denke an rotgefärbte Himmel am Abend, aber es war nie die Sonne, es waren die Hochöfen. Ich denke an Onkel Heinz, der unter Tage blieb und an all den Alkohol, der gegen all das gesoffen wurde. Meine Jugend fand in einer Glocke ohne Atem- und Seelenluft statt, der Blick war eng, und wäre es nicht möglich gewesen, ab und zu an den Rhein zu fahren, den Blick zu weiten, den Himmel zu sehen und die Welt dahinter zu ahnen, dann hätte ich es – vielleicht – gar nicht ausgehalten. Aber das weiß ich erst jetzt, heute, hier auf der *Rheinmelodie*.

Stahlproduktion bei Nacht

Folgende Doppelseite:
Realitäten der Binnenschifffahrt

P
MIRANDA

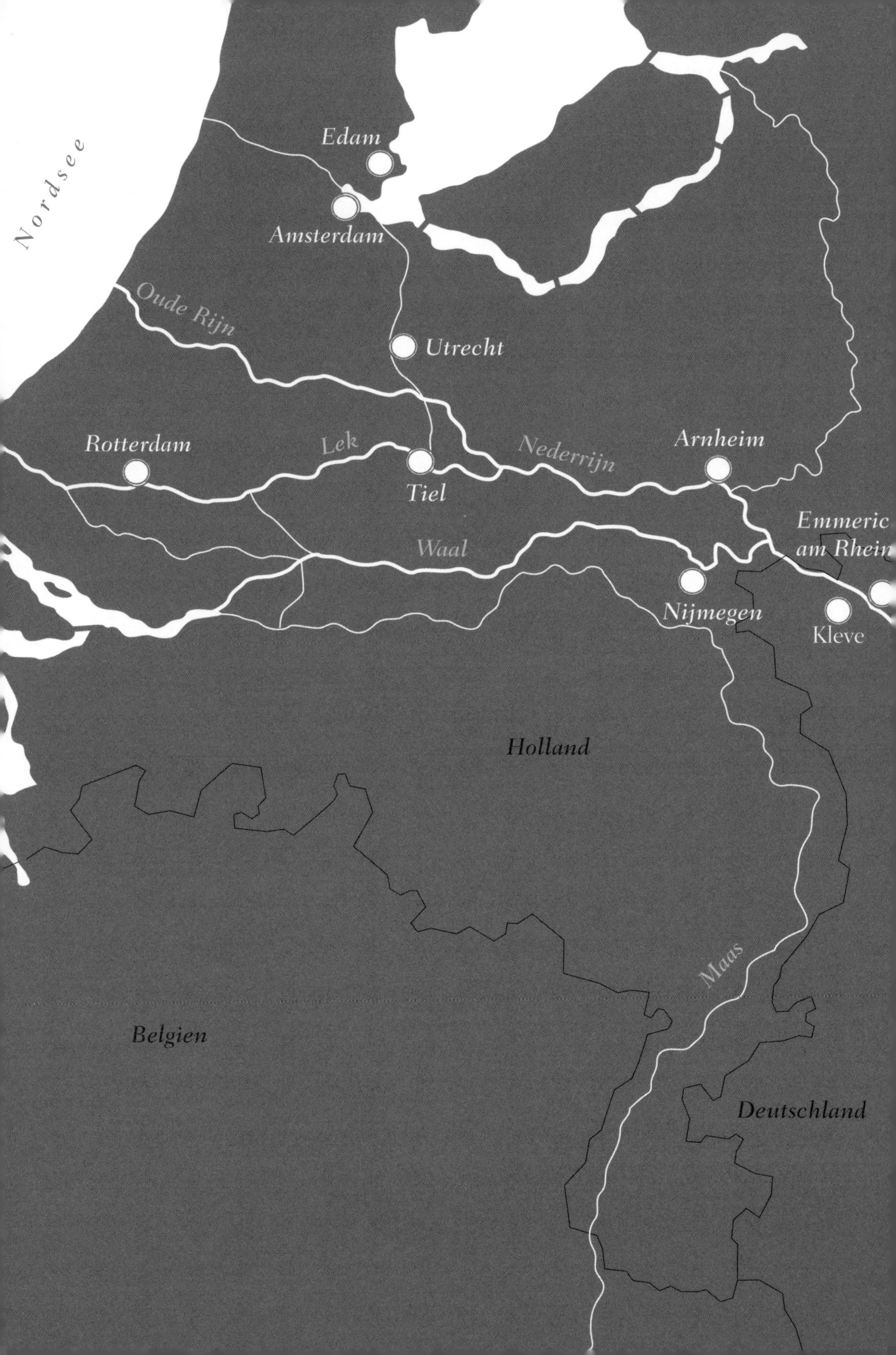

Nordsee
Edam
Amsterdam
Oude Rijn
Utrecht
Rotterdam
Lek
Tiel
Nederrijn
Arnheim
Waal
Emmeric
am Rhein
Nijmegen
Kleve
Holland
Maas
Belgien
Deutschland

Der Niederrhein

Rheinbrücke Emmerich, die längste Hängebrücke Deutschlands

Und dann wird alles so weit, so breit, so ruhig, so riesig, als wären wir mitten auf dem Meer. Tom schätzt den Rhein hier auf fünfhundert Meter Breite, und wir haben das Gefühl: Die Landschaft ist wieder da. Und die Golden Gate Bridge, plötzlich bei Rheinkilometer 853, hier am Niederrhein! An einer der breitesten Stellen spannt sich diese nördlichste und letzte Rheinbrücke, die längste Hängebrücke Deutschlands, mit achthundertdrei Metern von Kleve nach Emmerich. Wir haben das Gefühl, jetzt sind wir in Kalifornien, sofort ein Rosé auf diesen umwerfenden Anblick. Und einen Schluck auf Lohengrin, den weißen Schwanenritter, der, so heißt es in der Sage, hier in Kleve sein unglückliches Techtelmechtel mit Elsa hatte, die ihre Neugier nicht bezwingen konnte und ihn nach seinem Namen fragte, obwohl er das verboten hatte. Unter Eheleuten seltsam, man will doch wissen, wie der Liebste heißt, aber hier am Niederrhein ist der Horizont weit und die Phantasie kann schweifen und sich absonderliche Geschichten ausdenken.

Die schönsten Niederrheingeschichten hat uns in den 70er-Jahren der Kabarettist und hochromantische Poet Hanns Dieter Hüsch erzählt, der sich selbst *»das schwarze Schaf vom Niederrhein«* nannte, der hier aufgewachsen ist und diese Gegend und ihre Menschen liebte – die Schlottmanns mit der missglückten Silberhochzeit, Ditz Atrops, der bei Hein Lindemann an der Theke noch nach dreiundzwanzig Bier aufrecht stehen konnte, und dann hat er sich vor den Zug geworfen. Unheilbare Melancholie, sagte Hüsch, zeichnet den Niederrheiner aus, er steht zutiefst traurig in der Gegend unter den tiefen Wolken herum und philosophiert sich zugrunde.

Kühe am Rhein bei Xanten

Es wird Abend, Tiere kommen ans Wasser und trinken, Schafe, Kühe, sogar eine ganze Herde Pferde, sind die wild? Gibt es etwa noch wilde Pferde? Zumindest begleitet sie kein Mensch. Aber Menschen, Erwachsene und Kinder, liegen am Ufer mit Hunden, Emmerich zieht vorbei – eine kleine Stadt mit einer Strandpromenade. Hier war ich als Kind zu Besuch und war glücklich. Margit hieß sie, unsere junge Untermieterin, die aus Emmerich stammte und das traurige, hustende Kind im Sommer mitnahm zu ihrer Familie, wo keiner keinen anschrie, wo weiße Blusen lange weiß blieben und wo der Husten sich beruhigte. Und zum ersten Mal saß ich, zwölfjährig, mit einem Schwarzen am Tisch, Margits Freund, und er sprach Deutsch und lachte und alles war neu und aufregend und normal und ich verliebte mich erst in ihn und dann doch besser in Harry Belafonte, der kurz darauf mit dem *Banana Boat Song* in mein kleines Leben trat – ich wollte ja der angebeteten Margit nicht den Freund wegnehmen.

Rest der ehemaligen Eisenbahnbrücke Wesel

Wesel, Xanten, Emmerich. Knaurs Kulturführer *Der Rhein* sagt, hier sei der Fluss siebenhundertdreißig Meter breit. Ist das zu fassen, das Knäblein aus den Alpen? Mehr als dreißigtausend Wildgänse überwintern hier jedes Jahr. Die Fischer erzählen von Aalen, Lachsen, Hechten, von Wels und Zander. In Xanten, das sich auch stolz Siegfriedstadt nennt – denn von hier stammt der blonde Held und Drachentöter –, gibt es ein großartiges Amphitheater aus der Römerzeit, natürlich nachgebaut, mit dreitausend Plätzen. Und vom Schiff aus gerate ich schier außer mir vor Freude, als der römische Aquädukt vorbeizieht, aber ach, Tom sieht mich Idiotin mitleidig an und weiß: Das sind nur die Reste der im Krieg zerstörten Eisenbahnbrücke Wesel. Hätte doch sein können. Sieht doch irgendwie römisch aus.

Beim Anblick von Kalkar aber ist der Fall auch für mich sofort klar: Das waren nicht die Römer! Das Kraftwerk, oder, schöneres Wort: Der Brutreaktor bei Hönnepel, Stadt Kalkar, Kreis Kleve wurde für mehr als 6,5 Milliarden gebaut, nie betrieben, dümpelte lange für 15 Millionen Wartungskosten vor sich hin, wurde schließlich an einen Holländer verhökert und ist heute, umgebaut zum Freizeitpark mit Disco, einer der größten Arbeitgeber der Region. Es kommen Massen von Touristen, die im Brutreaktor lustig sein wollen – das hat schon was Makabres. Aber in den römischen Amphitheatern passierte ja auch nicht nur Komisches. Das hat Volksbelustigung nun mal so an sich. Der massive Widerstand der Anti-Atomkraftbewegung hier in Kalkar gegen den Brüter hat damals übrigens mit zur Gründung der Grünen als Partei geführt. Und dahinter sehen wir schon wieder eine Raffinerie mit beleuchteten Rohren und Röhren aufragen, aber das Ufer ist frei und alles fließt und wir denken: Was macht er denn auf einmal, der Rhein? Er ist sicher froh, dass ihm wenigstens Kalkar erspart blieb. Er verzweigt sich irgendwie, er verschwindet, teilt sich, taucht wieder auf – auf welchem Fluss fahren wir eigentlich gerade? Wir sehen nichts mehr.

Kletterwand am Kühlturm des ehemaligen Kernkraftwerks Kalkar, dem heutigen *Wunderland Kalkar*

Folgende Doppelseite:
Wasserstraße bei Edam

In der Nacht, in der wir die Weiterreise verschlafen, passiert der Rhein seine letzte Grenze. Nun ist er in den Niederlanden, in Holland, im »hohlen Land«, dessen Wiesen vom Wasser niedergedrückt sind und jahrhundertelang mit Windmühlen trocken gepumpt wurden. Nun hat er nur noch einhundertfünfundsechzig Kilometer vor sich bis zum Meer, nun teilt er sich bald – links heißt er Waal, rechts heißt er Lek, auf welchem Teil sind wir? Nun fließt er durch endlose, schnurgerade Pappelalleen und vorbei an saftigen Wiesen, auf denen schwarzweiße Kühe stehen. Rechenaufgabe: Holland hat zwei Millionen Kühe, jede gibt achtundzwanzig Liter Milch pro Tag. Na, welchen Milchsee ergibt das pro Jahr?

Und nun legen wir an in Amsterdam, neben einem Pannekoekenboot. Holland, das Land von Hering, Käse, Tulpen, Tomaten, Pfannkuchen.

Es wird undurchsichtig mit dem Rhein. Das Knäblein, das wir im Gebirge haben entspringen sehen, wurde zum Jungen, der von zuhause abhaut und mal kurz im Bodensee verschwindet, zum Jüngling, der beim Rheinfall noch mal alle Wildheit rauslässt, zum Vater Rhein mit vielen Töchtern und Söhnen in Form von Nebenflüssen, einem Vater, der mehr als tausend Kilometer

demütig und zuverlässig im Transportwesen arbeitet, alles trägt und erträgt, was man ihm aufbürdet, und jetzt ist er fast am Ziel. Er ist fast am Meer. Er mag nicht mehr, und er muss auch nicht mehr. Und wie ein alter Mensch vergisst er seinen Namen – Rhein? Bovenrijn? Nederrijn? Lek? Waal? Und wo fließt er gerade? Bei Amsterdam? Bei Rotterdam?

»Das Ende dieses großen und schönen Flusses selbst, der sich auch hierin so von anderen Flüssen unterscheidet, erfüllt das Gemüt mit einem herrlichen Gefühle. Was könnte wohl dem Hinsterben des vom Alter entkräfteten, hinfälligen Menschen vollkommener gleichen, als dieses Verschwinden des Rheines im Sande, nach so vieler Kraft, Majestät und Pomp.«[90]

Das Delta verzweigt sich, weit, riesig. Er ist mal hier, mal da, verirrt sich, entwischt, um schließlich ganz still, ganz unspektakulär einfach in der Nordsee zu verschwinden, sich mit dem Atlantik zu vermischen, er hat genug gesehen, ertragen und getan.

»Und wo er sich dem Ozean nähert«, schreibt der gute alte Cäsar, der den Rhein ja maßgeblich mit entdeckt und genutzt hat, *»fließt er auseinander und um riesige Inseln herum.«*[91]

Das Wunderwerk Maeslant-Sperrwerk an der Mündung des *Nieuwe Waterweg* in Rotterdam

Ja: Jetzt verbindet sich Vater Rhein mit Mutter Nordsee und freut sich über die Robben, die schon im Mündungsdelta auftauchen. Seit Jahrtausenden ist er unentwegt in Bewegung, ist die wichtigste Verbindung zwischen den Alpen und dem Meer. Hier oben darf er endlich Ruhe haben, er muss nicht mal ordentlich münden – er darf einfach verschwinden, mehr als hundert Kilometer ist das Gebiet breit, in dem er das tut. Die Flut spült ihm schon Meeresfische zu, darüber freuen sich Hunderttausende von Sumpf- und Wasservögeln, die hier leben, Durchreisende nicht mitgerechnet. Zum Beispiel die Wildgänse, die eine sechstausend Kilometer lange Reise von der Tundra zurücklegen, um hier zu überwintern. Zweihundertachtzig Storchenpaare wohnen hier und es ärgert sich niemand über sie so wie in Straßburg.

In Amsterdam gibt es noch mal Seitenkanäle, wie ein Bypass muten sie an, aber ein Flussgefühl haben wir hier irgendwie schon nicht mehr, er entgleitet uns. Wir tauchen für einen Tag

90 Aurelio de' Giorgi Bertola, *Malerische Rhein-Reise. Von Speyer bis Düsseldorf*
91 Gaius Julius Caesar, *Der Gallische Krieg*

ins wunderbar quirlige Amsterdam ein, kaufen Käse und Tulpenzwiebeln. Rotterdam, Europas größten Seehafen, lassen wir aus, ebenso das Wunderwerk der Maeslant-Sperre, gebaut nach der verheerenden Sturmflut an der Nordsee 1953, bei der fast zweitausend Menschen ertranken. Die Nordsee kann hier nicht mehr rein – ein gewaltiges Damm- und Schleusenwerk mit verschiedenen riesigen Toren macht das Hinterland von Rotterdam bis Amsterdam sicher vor Sturmfluten. Und in den Rhein mündet noch schnell die Maas, auf den letzten Metern wird das Ganze zum Rhein-Maas-Schelde-Delta, und hui, weg ist er, der Rhein. Aus dem Knäblein ist ein Greis geworden, der sich auflöst.

Folgende Doppelseiten: Hier mündet der Lek in den Amsterdam-Rhein-Kanal

Gewaltig und tosend vereint er sich mit der See

Am nächsten Tag geht es zurück mit einem letzten Halt im schönen alten Nijmegen, der ältesten Stadt der Niederlande – auch eine Römersiedlung natürlich. Es gibt Polder, weite Wiesen, Weideland, Windmühlen zum Entwässern des Bodens, der Himmel ist hoch und mir fehlt die Loreley so gar nicht. Früher lebten hier vorwiegend Bauern, aber der Rhein brachte Waren und Handel, sie wurden Kaufleute und reich.

Niederrheinstimmung

Und dann geht es ohne Pause wieder zurück bis Köln. Noch einmal eine lange, ruhige Fahrt auf dem Niederrhein, der mir jetzt, nachdem ich alles gesehen habe, mit weitem Abstand die liebste Strecke ist. Hier ist er wie Fluss und Meer zugleich, hier sind kleine Städte, Dörfer, Häuser, Restwälder, hier kommen Tiere und trinken, hier ist der Rhein freundlich und weit. Hier tut er gut. Es ist still. Das Auge erholt sich, die Seele auch, keine Burgen, keine Felsen, keine Loreley, hier ist Weite und Ruhe.

Und das macht etwas mit mir. Ich fühle eine tiefe Dankbarkeit aufsteigen für mein Leben, trotz aller Krisen, Krankheiten, Niederlagen, Irrtümer und Unwägbarkeiten. Ich werde von diesem stoischen Fluss in sanfter Güte ruhig dahin getragen, erlebe so viel Schönes und kann daraus auch noch meinen Beruf machen, ein Buch wie dieses schreiben, mit einem Freund zusammen reisen und all das sehen und diskutieren – wenn das kein wirkliches Glück ist.

Abschied vom Rhein

Nun gute Nacht! mein Leben,
Du alter, treuer Rhein.
Deine Wellen schweben
Klar im Sternenschein;
Die Welt ist rings entschlafen,
Es singt den Wolkenschafen
Der Mond ein Lied.[92]

Gegenüber:
Nachts auf Deck

92 Clemens Brentano, *Abschied vom Rhein*

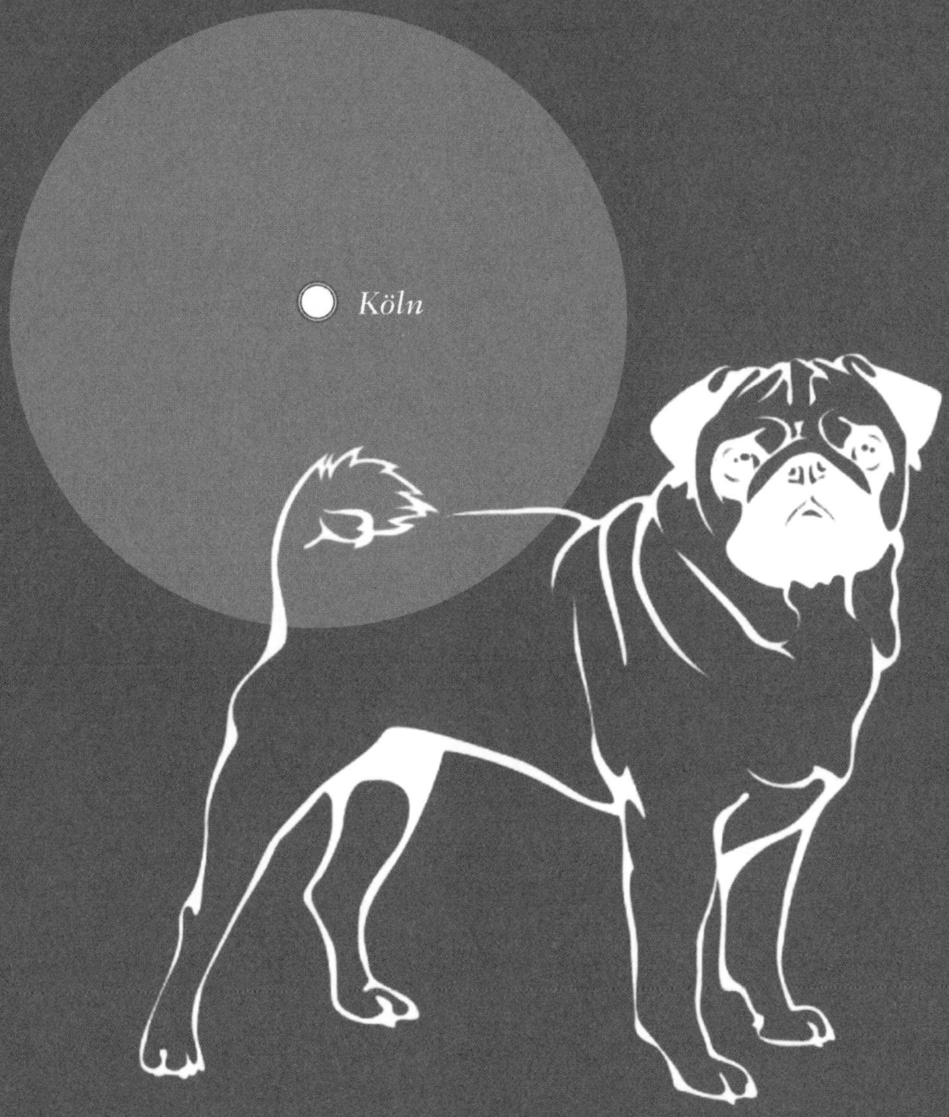
Köln

Wieder zuhause oder: Peking

Zurück in Köln gehe ich mit dem Hund am Rhein entlang. Ich habe jetzt ein anderes Gefühl, seit ich ihn befahren und mein Ufer auch mal vom Schiff aus gesehen habe. Ich bin viel gelassener.

Ich bin Wasser gegenüber auch wieder demütiger, begreife, was wir dem Wasser alles verdanken, letztlich: unser Leben. Wenn ich zuhause den Wasserhahn aufdrehe, denke ich daran nicht. Wenn ich jetzt hier am Ufer gehe, spüre ich es ganz stark.

Über mir fliegen die Wildgänse, es wird Herbst. Eine resolute Dame mit nordischen Wanderstöcken begegnet mir und zeigt entzückt auf den schwarzen Mops Vito.

»*Watten schönen Pekines!*«

»*Es ist ein Mops*«, sage ich.

»*Dattet die Pekinese auch in schwatt jitt!*«

»*Ein Mops*«, sage ich. »*Es ist ein Mops.*«

Sie lacht. »*Isch hatt' ming Leeve lang Pekinese, Liebelein, isch weeß, wat ene Pekinese es.*«

»*Es ist aber ein Mops*«, versuche ich es wieder.

»*Wie heißt dat Tierche?*«, fragt sie.

Ich will eigentlich sagen, dass er Vito heißt, aber ich resigniere und sage: »*Peking. Er heißt Peking.*«

Die Dame ist entzückt: »*Dat passt ewwer jut für ene Pekines*«, sagt sie und wandert weiter.

Und ich schwöre es: In genau diesem Augenblick fährt in der Mitte des Rheins *die, meine, unsere Rheinmelodie* vorbei, Richtung Bonn. Ich winke und fuchtele wie verrückt, ein paar Reisende winken zurück und ich denke: Genießt es. Es ist am Rhein so schön, trotz allem.

Komm, Peking. Fünfhundertzweiundfünzig Schritte und vierzehn Stufen bis nach Hause.

Zitierte Literatur

Frohsinn am Rhein, Band 1 für Akkordeon bearbeitet von Peter Fries. Leipzig o. J.

Wolfgang Müller von Königswinter, *Junge Lieder.* Düsseldorf 1841

Der Rhein in Mythen, Märchen und Erzählungen, hrsg. von Nora Kircher. München 1988

Gottfried Keller, *Sämtliche Werke in 8 Bänden, Band 1: Gedichte.* Berlin 1958–1961

Victor Hugo, *Sämmtliche Werke, 19. Band »Der Rhein – Briefe an einen Freund, 25. Brief«.* Frankfurt am Main 1842

Victor Hugo, *Der Rhein.* Aus dem Französischen von Annette Seemann. © Insel Verlag Berlin 2010

Karl Stieler, *Rheinfahrt. Von den Quellen des Rheins bis zum Meere.* Stuttgart 1875

Karl Simrock, *Das romantische und malerische Rheinland.* Leipzig 1838

Horst Johannes Tümmers, *Der Rhein. Ein europäischer Fluss und seine Geschichte.* C. H. Beck, München 1994

Alphonse de Lamartine, *Friedens-Marseillaise.* In: Sundine – Unterhaltungsblatt für Neu-Vorpommern und Rügen. Stralsund 1841

Gustav Schwab, *Gedichte,* Band 5. Stuttgart und Tübingen 1826

Alpenrhein. Geschichte. Begleitbroschüre zur Ausstellung von Nicole Ohneberg. Museum *Rhein-Schauen*, Lustenau 2017

Eduard Mörike, *Gedichte und Erzählungen*, hg. von Werner Zemp. Zürich 2004

Johann Wolfgang von Goethe, *Tagebuch 1797.* In: Goethe Gesamtausgabe in 22 Bänden, 11. Band. Stuttgart 1956

Johann Wolfgang von Goethe, *Faust II.* In: Sämtliche Werke in 40 Bänden, Band 7. Frankfurt 1999

Gegenüber:
Lauer Sommerabend bei Götterswickershamm

Johann Wolfgang von Goethe, *An den Mond*, 4. Strophe. Aus: *Der neue Conrady. Das große deutsche Gedichtbuch*, hg. von Karl-Otto Conrady. Artemis&Winkler, 3. Aufl. 2003

Johann Wolfgang von Goethe, *Aus meinem Leben. Dichtung und Wahrheit.* 3 Bde. Cotta, Stuttgart u. Tübingen 1811–1814

Wilhelm Heinse, *Am Rheinfall von Schaffhausen*, Brief an Johann Wilhelm Ludwig Gleim. In: Sämmtliche Werke Band 10. Leipzig 1910

Johann Peter Hebel, *Erinnerung an Basel.* Aus: Sämmtliche Werke, 2. Band. Karlsruhe 1834

Sebastian Brant, *Das Narrenschiff.* Reclam Studienausgabe 2005

Erasmus von Rotterdam, *Briefe.* Darmstadt 1956

Johann Gottfried Tulla, *Die Rectification des Rheines.* Karlsruhe 1822

Nikolaus Becker, *Rheinlied,* In: Allgemeines deutsches Kommersbuch. Leipzig 1858

Alfred de Musset, *Der deutsche Rhein,* In: Dichtungen. Übertragen von Friedrich Schäfer. Heidelberg 1960

Heinrich Heine, *Deutschland. Ein Wintermärchen.* Hamburg 1844

Heinrich Heine, *Reisebilder.* Bd. 2. Hamburg 1827

Heinrich Heine, *Buch der Lieder.* Hamburg 1827

Max Schneckenburger, *Die Wacht am Rhein.* In: Allgemeines deutsches Kommersbuch. Leipzig 1858

Richard Wagner, *Rheingold,* Libretto 1869

Heinrich Dippel, *Das Herz am Rhein,* 1847. In: Allgemeines deutsches Kommersbuch. Leipzig 1858

Friedrich Schlegel, *Europa. Eine Zeitschrift.* 1803

Kurt Schwitters, Vater Rhein. Aus: *Das literarische Werk,* Band 2. Köln 1974

Friedrich Nietzsche, *Jenseits von Gut und Böse.* In: Werke in 3 Bänden. München 1954

Heinrich Böll, *Undines gewaltiger Vater.* Aus: Heinrich Böll. Werke. Kölner Ausgabe. Band 10. 1956–1959. Herausgegeben von Viktor Böll. © 2005, Verlag Kiepenheuer & Witsch GmbH & Co. KG, Köln

Friedrich Hölderlin, *Reisetagebuch 1788*, Sämtliche Werke Band 6. Stuttgart 1969

Lina Sommer, *S'Lewwerwärschtel*. Zitiert nach: Hannes Liebenstein. Speyer am Rhein 2011

Eckart von Naso, *Spannungen. Orleans. Worms. Jena.* Hamburg 1952

Martin Luther, Verteidigungsrede auf dem Reichstag zu Worms [https://www.worms.de/en/web/luther/Worms_ 1521/Reichstag/Luthers_Rede.php]

Freiheitsprivileg von Kaiser Friedrich I. Barbarossa, 1184

Magazin *Ravnen*, 1901

Michael von Poser, *Der Rheingau*. Wiesbaden 1988

Christa Wolf, *Kein Ort. Nirgends*. Berlin 1979

Karoline von Günderrode, *Der Schatten eines Traumes*, hg. von Christa Wolf. Neuwied 1981

Georg Herwegh, *Rheinlied*. In: Werke in 3 Bänden, Band 1 (Berlin 1909)

Wilhelm Schäfer, *Die unterbrochene Rheinfahrt*. München und Leipzig 1913

Matthias Claudius, *Rheinweinlied*. Aus: Sämtliche Werke des Wandsbecker Boten, 2005

Die Gedichte Walthers von der Vogelweide, Urtext mit Übersetzung von Hans Böhm. Berlin 1944

Rainer Wieland, *Das Buch der Deutschland-Reisen*. Propyläen 2017

Marie Luise Kaschnitz, *Orte*. Frankfurt 1973

Mary Shelley, *Streifzüge durch Deutschland und Italien*, Bd. 1. Wiesbaden 2017

Mary Shelley, *Frankenstein*. München 1993

Heinrich von Kleist, *Sämtliche Briefe*. Stuttgart 1999

Adelheid von Stolterfoth, *Rheinische Lieder und Sagen*. Frankfurt 1839

George Gordon Byron, *Ritter Harolds Pilgerfahrt*. Stuttgart und Tübingen, J.G. Cotta 1836

Alexandre Dumas, *Eine Reise an die Ufer des Rheins*, 1838. Diana Taschenbuch 1999

Clemens Brentano, *Godwi*, 2. Band. In: Frankfurter Brentano Ausgabe FBA, Band 16, 1995

Clemens Brentano, *Abschied vom Rhein*. C.B. Werke, Band 1, Gedichte. Hg. von Friedhelm Kemp. München 1965

Erich Kästner, *Der Handstand auf der Loreley*. Aus: Gesang zwischen den Stühlen © Atrium Verlag AG, Zürich 1932 und Thomas Kästner

Die Loreley. Gedichte, Prosa, Bilder. Hg. von Wolfgang Minaty. Frankfurt 1988

Michael Krüger, *Das Irrenhaus*. Wien 2016

Konrad Beikircher, *Et kütt wie't kütt – Das rheinische Grundgesetz*. Aus: »Das rheinische Grundgesetz. Et es wie't es un et kütt wie't kütt« von Konrad Beikircher © 2001, Verlag Kiepenheuer & Witsch GmbH & Co. KG, Köln

Der Rhein im Spiegel der Dichtung, zusammengestellt von Marianne Bernhard. München o.J.

Carmen Sylva, *Mein Rhein!* Leipzig 1884

Guillaume Apollinaire, *Iconographie (Album)*. Paris/Rolandseck 1971

William Makepeace Thackeray, *Jahrmarkt der Eitelkeiten*. Berlin 1972

Nikolaus Lenau, *Werke und Briefe*, Band 2. Stuttgart 1995

Gottfried Benn, *Der Ptolemäer*. Stuttgart 2011

Aurelio de' Giorgi Bertola, *Malerische Rhein-Reise. Von Speyer bis Düsseldorf*. Mannheim 1796

Gaius Julius Caesar, *Der Gallische Krieg*. Wiesbaden 2013

Bundeskunsthalle und Marie-Louise von Plessen (Hg.), *Der Rhein, Eine europäische Flussbiografie*. Prestel 2016

Heinz Korn, *Ich hab den Vater Rhein in seinem Bett gesehen*. Text: Heinz Korn © Supra Musikverlag, J. Michel GmbH & Co. KG

Randy Newman, *In Germany before the war.* Album: Little Criminals. Released by Warner Brothers (3079-2) in September 1977. Produced by Lenny Waronker and Russ Titelman. Written, arranged and composed by Randy Newman. [http://www.randynewman.com/albums/little-criminals/]

Ludolf Waldmann, *Die alten Deutschen tranken ja auch*. In: Allgemeines deutsches Kommersbuch. Leipzig 1858

Bildnachweis

adobe stock: S. 126 © pixs:sell, 194 © Fotolyse, 204 o. © rcfotostock
AKE-Eisenbahntouristik: S. 23
akg-images S. 1, 21, 30, 39, 78 o., 78 u., 95, 99 u., 101, 113, 131, 135, 137, 138, 153 o., 153 u., 154 o., 159, 166, 169, 170, 171, 179, 181, 182, 192, 211, 219, 220 o.
akg-images | Album/Prisma: S. 145, 167
akg-images | Blanc Kunstverlag: S. 173 u.,
akg-images | Erich Lessing: S. 27
akg-images | Fototeca Gilardi: S. 160
akg | Horst von Harbou – Stiftung Deutsche Kinemathek: S. 228
akg-images | Imagno | Franz Hubmann: S. 221
akg-images | WHA | World History Archive: S. 175
alamy stock | Music-Images: S. 218
Bundeskunsthalle Bonn: S. 115
Christian Seeling: S. 121, 147, 152, 154 u., 172 o.
Drosselhof Rüdesheim: S. 189
Heritage-Images | The Print Collector | akg-images: S. 174
Liederbuchverlag: S. 14
mauritius images: S. 106, 118, 241
Neuenfeld & Henius Verlag Berlin: S. 100
istock: S. 74 © T_W_, 231 © MichaelUtech
picture alliance | dpa: S. 75, 116, 119, 183 u., 240
picture alliance | Hans-Joachim Rech: S. 235
picture alliance | Mary Evans Picture Library: S. 162
picture alliance | Ulrich Baumgarten: S. 200
Stadtmuseum Bonn: S. 220
Stadt Staufen: S. 123
Thilo Ahmels: S. 80
unsplash: S. 73 by Clay Knight
ullstein bild: S. 105
Urs Klujver: S. 244/245
wikimedia commons: S. 13 © Schurl50, 17 © Stadtmuseum Düsseldorf, 27 o. © Sammlungen des Rätischen Museums Chur, 45 © Schofför, 46 © Xocolatl, 55 © Bybbisch, 69, 88 © Gzen92, 97 © Bundesarchiv, B 422 Bild-0086/Sers, Günter/CC-BY-SA 3.0, 96, 99 © National Gallery of Art, Washington DC, 112, 117 u., 127 © Berthold Werner, 128, 129 © Verlag Braur&Schneider, 130 © Gleimhaus Halberstadt, 139, 144 © Magazin Ravnen, 150, 161 © Fa. Haber & Brandner, 165, 168 o. © Moguntiner, 168 u. © Alexander Hoernigk, 173 © Frank Vincentz, 193, 199 © Patrick Ch. Apfeld, 205 o. © Geolina163, 206, 207 © Rheinisches Bildarchiv, 212 o., 213 © Phantom3Pix, 221 © Thoma, 227, 230 © Raimond Spekking | CC BY-SA 3.0, 237
© VG Bild-Kunst, Bonn 2017: Max Ernst

Alle anderen Fotos: Tom Krausz

Die Klärung der Rechte wurde vom Verlag nach bestem Wissen vorgenommen. Soweit dennoch Rechtsansprüche bestehen, bitten wir die Rechteinhaber, sich direkt an den Verlag zu wenden.

Folgende Doppelseite:
Abendstimmung am Niederrhein

Dank

Unser großer, herzlicher Dank gilt
der Reederei Nicko Cruises
und speziell der *MS Rheinmelodie*,
mit der wir von Basel bis Amsterdam
gut behütet fahren durften.

Elke Heidenreich, Tom Krausz

CORSO

CORSO 63
Alles fließt
Der Rhein
Eine Reise | Bilder | Geschichten
Text: Elke Heidenreich
Fotografie: Tom Krausz

1. Auflage 2018

Römerweg 10, D-65187 Wiesbaden

Gestaltung: Karina Bertagnolli | Anja Carrà
Satz: Anja Carrà, Weimar
Lektorat: Anna Schloss, Wiesbaden
Gesetzt aus der Fairfield
Gesamtherstellung: CPI books, Ulm

ISBN 978-3-7374-0744-1

Mehr über Ideen, Autoren und das Programm von CORSO finden Sie unter:
www.verlagshaus-roemerweg.de